音楽からはじまるシュタイナー

はじめに

この本の目的は、シュタイナー教育・療法における「音楽」の意義を、実践者のインタビューと科学的分析という二つのアプローチをつうじて明らかにすることにあります。

「教育芸術」を掲げているシュタイナー教育では、音楽は決して周辺科目の一つではなく、中心的な役割を担っています。一般的な学校と同じく、この学校にもカリキュラムの中の一科目として音楽が存在していますが、他の教科よりも音楽が重視されているという意味ではなく、音楽はすべての教科の中で大切にされています。音楽はすべての教育活動を貫いており、教科の一つ（狭義の音楽）でありながら、同時にカリキュラムの土台を支えているのです（広義の音楽）。

とはいえ、シュタイナー学校は音楽家を養成するための学校ではありません。この学校において、音楽は歌が上手くなることや楽器の演奏技術の向上を目指すものではないのです。

では、音楽家の育成を目指しているわけではないのに、なぜ音楽が教育の中心にあるのでしょうか。その理由は表現力を高めるためや、感性を育てるため、といったよくあるキャッチコピーで説明しうるものではなく、独自の深い人間理解に基づいて導き出されています。この本で詳しく見ていくとおり、この教育では自らの人生を切り開き、真の意味での「自由」を獲得するうえで、音楽が重要な役割を果たしていると考えられているのです。

まず第Ⅰ部では、第一線で活躍している音楽教育・音楽療法の実践者のみなさんへのインタビューを通じて、シュタイナーの音楽に関する基本的な考え方をわかりやすく解説します。

シュタイナーの音楽理論は難解なので、彼が音楽について語ったテキストを開いてみても初めて学ぶ人がすぐに理解できるものではありません。初心者がこの難しい理論を理解するためには、その理論をよく理解している人から直接話を聞くのが近道です。

そこでご登場いただくのは、竹田喜代子氏、吉良 創氏、勝田恭子氏。教師や音楽療法士として長年にわたり音楽と向き合い、シュタイナーの音楽理論を自身の身体を通して理解し、血肉化している方々です。このパートでは3人のエキスパートにナビゲートいただきながらシュタイナーの音楽理論の真髄に迫っていきます。

第Ⅱ部では、シュタイナーの音楽理論を科学的なアプローチで解明していきます。第Ⅰ部にご登場いただいた竹田喜代子氏と吉良 創氏の音楽療法実践時・楽器演奏時の脳波を測定した分析結果を示します。

シュタイナー学校の１００年以上の歴史の中で、この独自の教育実践の意義は、実践者たちによって直観的に理解されてきました。しかし、その意義や効果が科学的なエビデンスとともに示されることはほとんどなく、実証的な研究が十分に行われているとは言えない状況にあります。

では、シュタイナー教育の音楽実践の意義を客観的なデータに基づいて解明することはできないのでしょうか。その秘密のすべてを明らかにするのは難しいとしても、シュタイナーの音楽実践の意義を理解するうえで、客観的なデータに基づいて実践を理解する方法を探ることが欠かせないと筆者は感じています。筆者らはこれまでにシュタイナー教育における諸実践のうち、フォルメン線描、オイリュトミー、ぬらし絵、手仕事における実践者の脳波解析を行ってきました（山下恭平、井藤 元、徳永英司「フォルメン線描とマインドフルネス ―脳波測定を通じたフォルメン線描の分析―」、『ホリスティック教育／ケア研究』第22号、日本ホリスティック教育／ケア学会、２０１９年ほか）。

この本では、アントロポゾフィー音楽療法や楽器演奏時の実践者の脳波の変化を分析し、シュタイナー教育のさまざまな実践を科学的に検証していきます。脳波の変化を測定することで、これまで実践者が感覚的・直観的に捉えてきた事柄に、客観的な裏付けを与えることが目標となります。

もちろん、筆者は本研究のアプローチだけでシュタイナーの音楽実践の意義を完全に解明できるとは考えていませんが、この研究がシュタイナー教育の実践の意義を解明するための小さな一歩になればと切に願っています。

この本で描き出されているシュタイナーの音楽（教育・療法）観に触れることで、音楽に対する常識的なイメージは大きく揺さぶられることでしょう。この本を読み進めていただく際には、皆さんが抱いている「音楽」のイメージは一旦カッコに入れて、類まれなシュタイナーの音楽理論に耳を傾けてみてください。そうすれば、きっと音楽の新たな姿に出会うことができるはずです。

井藤 元

QRコードから楽器の演奏を動画でご視聴いただけます。ただし、実際の響きの深みや質感を再現することはなかなか難しいため、生演奏をお聴きいただく機会があれば幸いです。

もくじ

Paul Klee「Surberb of Beride」

第Ⅰ部　シュタイナー教育・療法にとって音楽とは

シュタイナー教育・療法において、なぜ音楽が重視され、私たちの人生に、なぜ音楽が必要なのか。また子育てにおいて、音楽とどのようにかかわっていけば良いのか。

第1章　聴く力を育めば生きる力が育つ

竹田喜代子（たけだ きよこ）

シュタイナー音楽教育家・音楽療法士。アウディオペーデ代表理事。元東京シュタイナーシューレ（現、藤野シュタイナー学園）音楽専科教師を12年間務める。日本アントロポゾフィー協会主催教員養成の講師を8期まで務める。2001年より日本人のための療法的音楽教育者養成を行う。その後、ベルリン音楽療法士養成所と提携し日本初のシュタイナー音楽療法士の養成を行う。現在、スイス、ゲーテアヌム精神科学自由大学医学部門認定音楽療法研修コース「太陽」（ゾンネ）を開催中。

勝田恭子（かつた きょうこ）

ゲーテアヌム精神科学自由大学医学部門認定アントロポゾフィー音楽療法士、日本音楽療法学会認定音楽療法士。昭和音大声楽専攻卒、横浜国大教育学部臨時教員養成課程修了、シュタイナー教育教員養成コース修了。特別支援学校や療育センター勤務後、現在は音楽療法士として、障がいや不安を抱える子どもや大人、認知症、末期がんなどの方々と関わっている。音楽療法の講座や大学への研究協力も行っている。また、シュタイナー学校や幼稚園に保護者としても関わり、子育ての糧としている。

1－そもそも音楽とは何か？

井藤：まずは大きな問いからはじめたいと思います。長年、シュタイナーの音楽理論を学んでこられた先生方にお聞きしたいのですが、そもそも「音楽」はどのようなものだとお考えでしょうか？

勝田：音楽というのは**つながりをつけてくれる力**があると思うんですよね。例えば、私とあなた、私と私自身、私と第三者、それから私と世界、私と大いなるもの（例えば神様／仏様など、目には見えないけれども存在しているのではないかと予感させるもの）、そういったものと「私」自身のつながりの中で音楽は発展してきたと思うんです。

だから、もし音楽がなかったら、そういうつながりが弱くなってしまうと感じます。コロナ禍で私たちは皆、そのことを感じたと思うんですよね。生の音楽に触れられないことで心が弱ってしまったり、人とのつながりが弱くなってしまったりといったことを実感された方が多いと思うので、一つは「つながりをもたらしてくれる」ということが音楽の意味なのかなと考えています。

井藤：ありがとうございます。今のお話の中で、「つながり」というキーワードが出てきましたが、音楽が我々と「目に見えない存在」とのつながりを保ち、その機会を与えてくれるという点がとても興味深いなと思いました。その際に、やはり「**聴く**」ということが人間にとって極めて重要になってきますよね。目に見えない存在とつながり、その存在からのある種のメッセージをキャッチするにあたり、人間の五感のうちの「聴覚」がどのように作用するのでしょうか。かなり大きな問いになってしまいますが、シュタイナーの音楽理論における「聴く」ことの重要性について、教えていただけますか。

勝田：実は、ちょうど今そのことについて話そうと思っていてびっくりしています（笑）。音楽は、**聴く力を育ててくれるもの**だと私は確信しています。現場にいて感じることなのですが、人はやはり生まれてから亡くなるまでずっと学び続ける存在だと思うんですね。その中で聴く力を育むことがとても大事だと思っていて、実際、聴覚は人がお母さんのお腹の中にいるときから亡くなるときまでずっと残る感覚といわれていますし、**聴く力をど**

れくらい育むことができるかが、その人の人生を左右するぐらいの影響力を持つと思うのです。**聴くというのは「受け取ること」**だと竹田先生から教わってきたのですが、音楽療法の現場にいてもそのことを強く感じますね。**聴くことを通して「生きることを学ぶ力を育んでいる」**と思っています。

2-「聴くこと」は能動的な営み

井藤：生きることについて学んでいくというのは、目に見えない存在からの力を受け取るということも含めての人生の学びと捉えてよいでしょうか。

勝田：そうですね。やはり、私たちが何かについて判断するとき、人は**聴いている**と思うんですよね。私たちは普段、色々な情報を見たり聞いたり受け取ったりしますが、実際に、自分がそれをするのか／しないのか、そこに行くのか／行かないのかなどを自分に問うている＝**自分に聴いている**と思うんです。自分自身に聴いて、自分の中の答えを聴いている。その意味で「聴く」ということはとても深い営みだと感じています。

井藤：勝田先生が今おっしゃったことは、非常に重要なポイントだと思います。多くの方が「聴く」という行為を受動的なものと捉えているかもしれません。門構えの方の「聞く」といいましょうか。私たちは町中やお店の中で聞こえてくる音や音楽を何気なく受け取りますが、その際の聞き方はどちらかというと受け身のものですよね。意識的に聴こうとするのではなく、耳に入ってくる音。勝田先生がおっしゃっている「聴く」という営みは、非常に**能動的**な営みであるという印象を受けます。自分自身に問いかけ、必要なメッセージをつかみ取っていくわけですから、受動的ではないという印象を持ったのですが、いかがでしょうか。

勝田：そのとおりだと思います。耳を澄ますということ＝能動的に聴くということを私はアウディオペーデ[1]でずっと学んできましたし、それを現場でも生かそうと思っています。そして、能動的に聴くことで生きる力が育まれると考えています。

井藤：「能動的に聴く」という言葉の響きについて、ひょっとすると謎めいた印象を抱く読者がいるかもしれません。「聴くこと」＝受け身じゃないのか！と驚く方もいらっしゃるように思います。その点について竹田先生、補足説明をいただけますでしょうか。

竹田：そうですね。聴くということは、もちろん耳を傾けて聴くわけですが、その際に自分の**意志**[2]**を使うことになる**わけです。**聴こうとする意志**を使うというのは、ただ音楽を聞き流したり、耳に自然に入ってくる音をキャッチしたりするということではなくて、「この音を聴こう！」と自分の意志を使うわけです。自らの意志を働かせるわけですから、その意味で能動的だといえます。「聴く」と「聞く」では意味が完全に異なります。聴くということは、耳だけで聞くことではなく、**全身を傾けて聴く**ということを意味します。

私が日本初のシュタイナー学校（東京シュタイナーシューレ[3]）の音楽の先生を引き受けたとき、シュタイナーの人間観を学びながら実践を重ねてきました。その中で子どもたちとどのように音楽の時間を過ごせば良いのかと悩んだときに「聴く教育」を実践されているラインヒルド・ブラス先生と出会ったんですよ。ブラス先生は、１９７９年にドイツのヴィッテンにあるバッテンシャイトのヴィダーシューレ・ヴァルドルフ学校を立ち上げ、音楽教師や担任・教員養成を歴任してきた先生です。その当時から音楽教育のために、慣例にとらわれない構想で、「聴く」ということに特化した教育を行ってきました。

この先生と出会うまで、私は音楽の時間で、例えば笛がうまくなるとか、きれいに歌えるとか、ピアノが上手に弾けるとか、そういうことを目指して実践してきました。つまり、通常の音楽観で実践してきたわけですね。けれども、その先生と出会ったことで、そうした考えが覆されたんです。聴くことは人間にとって最も大事なことなのだということを思い知らされました。

私が立ち上げた一般社団法人アウディオペーデ（Audiopädie）の「アウディオ」というのはオーディオを意味します。「ペーデ」は教育。「ペダゴーギク（Pädagogik）」のペーデなんですけれども、その先生と私とでアウディオペーデと命名しました。

本当に「聴く器官」を育てることを目指しているわけですが、聴く器官というのは、繰り返しになりますが、耳だけではなく、心も伴う聴き方です。**全身で聴く、心を込めて聴く**ということを中心的な課題としています。

3 - 子どもたちの聴く力を育む微細な音

井藤：ありがとうございます。非常に本質的なお話ですね。今の点に関連して、ぜひ先生方にお伺いしたいのですが、シュタイナー学校で授業を見学させていただく際、一般的な学校に比べて全体的に音が小さいなと思うことがあります。そう感じるのは、私が普段大学で、大勢の学生たちに向かってマイクを使って授業をすることに慣れているからなのかもしれません。けれども、おそらく私に限らず、スピーカーから聞こえてくる音に慣れ親しんだ人たちにとっては、シュタイナー教育の現場を訪れると、そこで鳴り響いている音のボリュームがかなり小さいと感じられるはずです。慣れてくるときちんと聴き取ることができるのですが、先生方の話す声にしても、音楽にしても、音量が小さいように思うのです。たとえば、シュタイナー教育の現場でしばしば用いられるライアーという楽器[4]も音が繊細ですよね。

音が小さいからこそ、子どもたちのうちに能動性が育まれると考えてよいでしょうか。シュタイナー教育の現場は、集中しないと聴きとれないような微細な音で満たされているような気がするのですが、その点について先生方のお考えをお聞かせいただけますでしょうか。

竹田：音が小さいと子どもたちは自然に耳を傾けますよね。シュタイナー教育では、子どものうちからあまり大きな音は出させません。シュタイナー教育は、**人間の発達とともにある教育**ですので、特に第1・7年期というのは身体の発達とともに子どもたちは音に出会っていきます。第1・7年期においては、いわゆる音楽作品とは異なる音に子どもたちが触れることになります。

井藤：ありがとうございます。第1・7年期において重要な、音楽との出会い方については、後に詳しく見ていくことにしたいと思います。いずれにしても、シュタイナー教育の音楽、あるいはアントロポゾフィー音楽療法における音楽は**音楽の技術を磨くと同時に、音楽を通じて子どもたちの身体や心、感覚を育てる**ことが大事にされている。子どもたちの聴く力を育むために、シュタイナー教育の現場は、小さな音、きれいな響きで満たされているのですね。

4-「静けさ」を感じる

井藤：先生方のお話を伺っていて、なぜ音楽がシュタイナー教育の中で中心的な位置にあるのかがクリアにわかってきた気がします。

シュタイナー教育は、「教育芸術」を標榜しており、教育そのものが芸術的でなければならないと考えられていますが、だからといって、楽器を上手に演奏すること、歌がきれいに歌えるようになることが目指されている教育ではないということは何度も強調すべきだと思います。

単に子どもたちの音楽的センスを磨くことではなくて、音楽に向き合うことが、生きることそのものに直結するという点が非常に興味深いと感じます。「聴く力」を育むことで、子どもたちは目に見えない力をキャッチしながら自分の人生を切り拓いてゆくための土台を築き上げていくことができる。そのために音楽が存在しているという点がシュタイナー教育において極めて重要なポイントだと思います。

勝田：私は音大で声楽を学び、音楽の世界に身を置いていたのですが、やはり最終的に目指すところは「**静けさをどう感じられるか**」なのかなと思います。[6]

例えば曲を演奏した後、最後は静かになりますよね。曲の終わりには余韻が生まれます。一般的な演奏においてその「**静けさ**」**にどう至るか**が、実はすごく大事なんですよね。シュタイナー教育では、「静けさ」を大切にしています。つまり、一番大事なところから子どもたちに音楽を体験させるわけです。最初にシュタイナー教育の音楽教育に触れたときには、私も目からうろこでした。

一般的な音楽の演奏においても「静けさ」は大切にされているので、シュタイナーの音楽観は、そうした一般的な考えからかけ離れているわけではないと思っています。

井藤：今、勝田先生のお話の中で、音楽が鳴りやんだとき、つまり、ある曲が終わったときの余韻が重要だというお話がありました。音は鳴っていないけれども、余韻として空間の中で静かに鳴り響いている。そのような静けさの中で人々が何を感じるのかがとても大事だというお話がありましたけれども、もう少し詳しくお話いただけますでしょうか。

勝田：音楽というのは**静けさと動きの間にあって、**その静けさと動きの間に、メロディ、ハーモニー、リズム、タクト（拍子）があります。ある静けさの中に音楽の予感があって、そこに動きを伴って、物と物とが出会って音が生まれてくるんですよ。でも、生まれた音は、生の音であれば、必ず消えていきますよね（電子音の場合はずっと続いていきますが）。音が生まれ、聴こえて、消えていくというプロセス全部が音楽なんです。**音の全体性／音楽の全体性を丸ごと体験する**ことが大事だと思います。

井藤：かなり深いお話ですね。**鳴り始める前と、鳴り終わった後も含めて、全体として音楽というものが成立しているという考え方**ですね。竹田先生、今のお話に関して補足はありますか。

5 - 予感をキャッチする

竹田：余韻の前には、必ず予感があるわけです。予感は耳や心を澄まさなければ、そして**静けさがなければ感じることができません。**

音楽を始める前に予感を感じなければ、音楽は始まりません。でも、心の中に静けさがなければ予感は感じられません。そして、予感から始まって音あるいは音楽になっていく。そして最終的にその音／音楽が終わるときに余韻を聴く。その一連のプロセスには全て聴くことが関与しています。

そうした一連のプロセスがしっかりと感じられると、全体を聴く力が生まれてきます。「聴くこと」にフォーカスして音楽に向き合っていれば、自然と、例えば何か一つの部分だけを取り出して何かを考えたり知ったりするのではなく、**全体を通して俯瞰して捉える力**が必ず生まれてきます。全体を通して聴くことができれば、全体を俯瞰する力が育まれるわけです。

例えば、私たちが人生の中で、○○という選択をしたらどのような展開が待っているのかを予感したり、あるいは進むべき道がわからずに迷ったとき、どうして迷ったのかを全体的な流れを踏まえて把握したり。自分の人生を見つめ、切り拓くための力にもなるのです。

井藤：つまり、「予感」というのは、単に音楽だけの話ではなくて、**人生において何が**

起きるかを察知したり、つかみ取ったりすることにもつながってゆくわけですね。人生を一つの音楽的な流れとして捉える。

このことを教育に置き換えるならば、「予感」をキャッチすることで、教師は「生徒たちがこの後、体調を崩しちゃうんじゃないか」とか「この子は新たなステージにジャンプアップするんじゃないか」とか、そういった兆しを感じることができる。教育的な営みにおける**勘所がわかる**とでもいいましょうか。ある種の未来予知に近いのかもしれませんが、耳を澄まして聴くことが、子どもたちの変化を察知する力をも育むということになりますね。

目に見えない働きを予感し、その働きを全体的／有機的に捉えていくという意味では俯瞰的な視点も育まれる。まさに生きることそのものとも深く関連するように思います。

私たちの内側でノイズが鳴り響いていたら、そのノイズが邪魔をして予感が働かないので、静けさを我々の中でベースとして持っておくことが重要なのですね。予感そのものは非常に繊細で、キャッチするのがすごく難しいようなものだというふうに捉えていいんですよね。

予感は、自分の内側でがんがん大きな音を立てて鳴っているものではなくて、かすかな音で静けさの中に鳴り響いている。そのかすかな音をキャッチできるかどうかによって、その後の流れを自分のものにできるかが決まってくる。その意味において、予感をキャッチすることはまさに生きることそのものにつながると感じました。

6 -「聴くこと」と自由

竹田：おっしゃるとおり、ノイズというのは、外側で鳴っている音だけではないです。自分の内側でノイズが鳴っていると、**自分の内なる声も聞こえなくなってしまいます**。私たちは日常の中で、しょっちゅういろんな出来事が起きていますよね。今の時代は特にうるさい時代になっていると感じます。それは自分の外でも内でも同じで、外の世界だけがうるさいのではなく、自分の内側もうるさいんですよね。それを静めていくことが求められていると思います。内側が静まるために、やはり「聴くということ」の中にヒントがあると思うんです。聴くことができるようになると、自分の内側の声も静まることができるわけです。そうすると、外側のうるささも自分で消すことができます。

ですから、シュタイナー教育の中で先生が大きな声を出さないとか、大事なことほど静かな声で話すとか、そういうふうなことが重要視されているのは子どもたちのうちに、**内なる声を聴き取ってゆく力を育む**ためだともいえます。

井藤：先生方が声を張り上げないのは、**単なるテクニックではない**ということですね。一般的な学校の先生方の中にも、あえて小さい声を出すことによって、子どもたちの注意を引くというテクニックを使う方はいらっしゃいます。大きな声で話していた先生が、急に声のボリュームを下げることで、子どもたちは「ん？ どうした？」と不意を突かれ、彼らの意識を先生の方に向けさせるというテクニックです。けれども、小さい声で話すのは、そうしたテクニックの次元の話ではなくて、子どもたち自身が自分の内側で静かに鳴り響く、微細な流れをキャッチできるようになるために、教師自身が静かな落ち着いた声でお話することが不可欠だと考えられているわけですね。テクニックを超えた次元といいましょうか。先生のあり方、語り方そのものが子どもたちに深く影響しており、そのことに対して自覚的であるという点は素晴らしいなと思います。今のお話は非常に本質的だと感じました。

しかも単に外側の音を聴くだけではなく、自分自身の内側の音や声を聴くということにも最終的にはリンクしてくる。これはまさに**自由**の話とも関わってきますよね。[7]
　自分自身が自由であるためには、内なる声を聴き取ってゆくことが必要になってくるわけですから、自由の獲得の問題とも直結します。非常に壮大なお話だなと感じながら伺っておりました。

7－人生は音楽的

勝田：私が感じていることは、音楽は命だということです。今、お話があったように、**予感があって音が生まれて、必ずそれが消えていく、でもそれがまた次の音につながる。**そのようにしてメロディはできていきます。もしくは音が重なることでハーモニーができあがりますし、音の長さや一定の間隔によってリズムや拍子、タクトができていくんですよね。必ず音は生まれて消えていきます。そこに、音楽の美しさがあると思うんです。
　これは、人間の場合も同じですよね。人間は**何らかの予感があって**、**この人生を選び、地上に降りて誕生します**。**そして、自分の役割を果たしていつか必ず人生は終わる**。**でも、それがその後もつながっていく**というふうにアントロポゾフィーでは考えられているので[8]、人生は音楽的だなと思うんですよね。

さらに、人と人との出会いによってそれがハーモニーになったりリズムになったりする。人生の中では、いろんな音と出会っていくことが体験できると思うと、その中で、やはり音の命＝生命が感じられるのは、生の音なんですよ。

新しく生まれて消えていく。生まれてくる／消えていくというところが音楽の一番の肝であり、大事なところだと思うので、やはりそのことは**生音の方が直接感じられる**のではないでしょうか。コロナ以降、デジタル機器を活用した音楽療法が実施されることもありますが、やはり対面で行なっている音楽療法と同様のことを行うことは現状においては難しいといえるでしょう。

井藤：アントロポゾフィーにおいては、音楽の話を掘り下げてゆくと、気がつけば必ず人生の問題とリンクしてくるのが面白いですね。音楽と向き合うことが、人生そのものを捉えていくためのヒントにもなっているところが非常に興味深いです。
今のお話を伺っていて、「一回性」というキーワードが私の頭に浮かんできました。音楽も人生も、一回限りであるという点で共通していますね。もちろん、デジタルメディアを使って、音楽はＣＤやサブスクリプションサービスなどで同じ演奏を何度も聴くことができますが、生の歌や演奏は一回限りですよね。生の歌や演奏は一回限りだからこそ尊いし、そこに我々は感動するのかもしれません。

勝田：そのとおりだと思います。一つの音を大事に聴くことができるということが、一回限りの人生を大事に生き切ることとつながるのではないでしょうか。**それは自分自身のことだけではなく、自分と相対している人（他者）の人生をも受け入れられる**ことにもつながります。このことは、音楽療法士として必要な姿勢なのですが、やはり、きちんと聴くことができる、受け止められるのは、一回限りだからこそだと思うんですよね。何回も聴くことができて、再現性のあるものだったら、そこまで聴くことに集中できないですよね。聴く側の受け取り方も違ってくるし、ましてや演奏する側（音を鳴らす側）も音に対する関わり方が変わってきます。このことは生きることとすごく似ていると思うんです。

井藤：音楽療法においては、患者さんごとに合う音を選び、その場限りの、再現不可能なセッションを行うわけですよね。録音した音楽ではやはり音楽療法を実践するのは難しい、もっと言ってしまえば不可能。クライアントの方と音楽療法士が相対して、**この季節の・この時間帯の・この相手に対してこの音を届けるというような姿勢**が大切にされているのだと思います。竹田先生、もしよろしければ、今のお話に関連して補足説明をいただけますか。

竹田：わかりました。今のお話に関連してお伝えしたいのですが、**今日の私は昨日の私ではないということ**。今日の私は明日の私でもない。シュタイナーの思想はそうした人間観をベースとしています。毎日、私は**生き直している**。人間は毎日生まれ変わっているという考え方です。

だから、おっしゃるとおり、私たちは人生だけでなく、日々の生に関しても、一回限りと言ってしまえば一回限りなわけです。ただ、肉体を通して、私という存在は一生涯、継続して生きている。

この意味において、音楽療法では、ある患者さんが昨日の患者さんと同じではないと考えます。私たちは絶えず、感情や身体の状態が変わっていくんですよね。患者さんの状態に合わせて音楽療法を実践していくというのが大事なのです。

8 - 幼児期における音楽の意味

井藤：ありがとうございます。先ほど、シュタイナーの音楽観においては生の音が大事にされているというお話がありましたが、幼児期における音楽の意味についてお話いただけますでしょうか。私たち大人はデジタルメディアを通じて音楽を聴くことはよくあると思いますが、特に子どもたちにとって生の音を味わうということが重要だとアントロポゾフィーでは考えられていますよね。その点についてお話いただけるでしょうか。

竹田：先ほどのお話の続きですけれども、子どもたちは第1・7年期（幼児期）に、身体をつくっているんですよね。胎児のときに10ヶ月と10日、母体内で成長するわけですけれども、生まれてからだんだん身体をつくっていく。その力をそいでしまうようなやり方は避ける必要があります。一番身近な親や、周りの大人の感情が、実は子どもたちの身体をつくったり、生命を営む力をつくったりしています。

そういう意味で、**本当に肉声で子どもに歌ってあげる**ということが大切です。機械を通さない、保護者や幼児教育に携わる先生たちの生の声を子どもたちには届けてほしいと思っているので、歌は下手でも構わないと思っています。音楽家のように歌える必要はないんです。何よりも生の声を届けることが子どもに対して一番大事だと思います。

井藤：ありがとうございます。勝田先生、幼児期にフォーカスして、お考えをお聞かせいただけますか。

勝田：三つあると思うんです。一つ目は、竹田先生の話と重なるんですけれども、**お互いの呼吸を感じる**ということが音楽の体験の中で大事ですが、特に小さい子ほどそれが重要だと考えます。演奏が上手か、歌が得意かどうかではなく、歌っている人、子どもの傍らにいる人が**どんな呼吸で生きているのか**ということを子どもは丸ごと受け取ります。それを**模倣しながら**、[9]子どもたちは自分の身体を育てているわけです。大人と子どもが同じ場所にいないと呼吸は感じられないので、だからこそ生の体験が重要なのだと思います。

コロナ以降、オンライン会議システムを用いて、音楽療法を実践することもあるのですが、[10]「**呼吸が違う**」**というのが私の実感です**。特に療法する側（療法士側）としては、患者さんの呼吸がわからず、オンライン上だと戸惑うことも多いです。どんな音量・テンポで、何の楽器をどのようにこの患者さんに届ければ良いのかがわからなくなってしまうんですよね。だから、対面での音楽療法の際には、「患者さんとその場に一緒にいる」ことでお互いに呼吸などを感じ合っているんだなということを改めて感じております。

井藤：興味深いですね。コロナ禍を経て、大学でもオンラインで授業をする機会が増えましたが、やはりオンラインだと受講者の呼吸を掴むのは困難です。画面の向こう側にいる学生たちと呼吸をシンクロさせることはできないので、いつももどかしい思いをしています。

勝田：きっと、そうなのだと思います。二つ目は（この点については多分皆さんにご理解いただけるかと思うのですが）オンライン会議システムを用いた場合もＣＤで音を聴く場合においても、機械の音は、ある音域の音をカットして出力されますよね。その際には、音の響き、全体性ではなくて、機械で抽出できる音域だけを切り取って聞き手に届けられます。実際に私たちが音楽療法で使っている楽器や声をオンライン会議システム上で鳴らしたり歌ったりしてみるという実験をしたことがあるのですが、画面の向こう側にいる人にはそれらの音が聞こえないんですよ。音そのものが届かない。会話の内容（**情報**）を伝えることが重視されているオンライン会議システムでは、音の全体性を伝えることができないのです。だから、私たちがふだん扱っている音は本当に繊細なものなのだと痛感しています。

ライアーの音も、ある音域を超えると全く音そのものが聞こえなくなっちゃうんですよ。オンライン会議システムではカットされてしまう部分にこそ、私たちの聴く力を引き出すものがあると思います。

今、いろんな技術が向上してＣＤ等でも生音に近いように出力できるようになってきているのだと思いますが、やはり生の音にこそ大事な命が宿ると思うので、小さい子であればなおさら、生の音楽に触れる体験を大事にしたほうがいいなって思います。

三つ目の観点について。**音は、実際のところすごくいろんな情報を含んでいて**、例えばある音が木と木がぶつかった音なのか、プラスチックがぶつかった音なのか、金属同士の音なのか、それをどんな感情でどんなふうに鳴らしたのかということを一瞬にして伝えてくれるものだと思うんです。子どもたちはそのような音に出会うことで世界そのものと出会っています。「木って叩くとこんな音がするんだな！」とか、「ガラスとガラスがぶつかったときにはこんな音がするんだ！」とか、そのようにして子どもたちは世界について学んでいると思うのです。

でも、機械を通すとそのような奥行きのある情報がなくなってしまいます。目の前に物体がなく、音だけが聞こえてくるという状態においては「この音がどこから来ているのか」という非常に重要な問題がすっぽりと抜け落ちてしまっていると思うんです。大人は経験があるので、想像で補うことができますけれど、小さい子は情報を補完できません。やはり音との**最初の出会いは「目の前で動きを伴った音」として体験してほしいな**と思います。

井藤：ありがとうございます。非常に重要なポイントだと思います。なぜ私がこの質問をさせていただいたかというと、例えば幼児教育に関して、シュタイナー教育では「デジタル音は避けられるべきだと考えられている」というお話をすると、その部分だけが切り取られ、シュタイナー教育は何だか禁止が多い教育というふうに受け取られてしまうことがあります。あれも駄目、これも駄目、といったルールだけが一人歩きしてしまうと、「ちょっと面倒くさい教育だな」と思われる方も出てきてしまうのかなと思っています。けれども、なぜデジタルメディアが避けられているのか、その理由がきちんと納得できたら、シュタイナーの考え方は私たちを縛る鎖ではなくなるのだと思います。

「確かに子どもたちの立場に立ってみれば重要なことだな」というように腑に落ちるところまで理解することができれば、シュタイナーの考え方が、子どもたちを理解する手助けとなり、日々の子育てに少しずつゆとりをもたらすことができると感じています。

「何だかよくわからないけれども、シュタイナー教育では禁止されているそうだから、デジタルメディアに触れさせないようにしよう」というのではなく、子どもたちにとって生の音体験が本当に大事で、それに触れることで子どもたち自身が豊かになるし、そうなれば子どもたちと関わる大人の生活にもポジティブな影響がもたらされるということが実感できればいいなと考えています。

9 - 静けさとともに生活してみる

勝田：井藤先生のお話をうかがっていて一つ思い出したエピソードがあります。大人向けのセルフケア講座に来られていた方で、小さいお子さんを子育て中のお母さんがいました。その方が教えてくれたのですが、シュタイナーの音楽療法をベースにしたセルフケアを実践する前は、おうちの中でラジオとかテレビとか、常に音がある状態でお子さんを育てていたんですって。でも、自分でセルフケアを体験して、「そうか、静けさって大事なんだ！」と身をもって実感してそうした音を家の中で流すのをやめてみたそうなのです。そうしたら次第にお子さんが落ち着いていき、なおかつ一緒にお風呂に入ったときに、2人でお風呂のお湯で音を出して遊んでいたら、その子がとても喜んだそうです。その子がイメージを膨らませて「この音は虹色みたいな音だね」とか、「お魚の音だね」といった感じで、親子ですごくいい時間を過ごすことができたんですって。「聴くこと」の重要性を本当の意味で理解できたおかげで、子育てがより楽しくなったとそのお母さんは伝えてくれました。シュタイナー教育を実践してゆく上では、そうした気づきが大切だと思うんですよね。

井藤：今、先生がおっしゃってくださったことですごく面白いなと思ったのは、**子どもだけに静けさを与えてもあまり効果がない**という点です。大人自身が「聴くこと」の重要性を自覚し、そのことによって日々の子どもたちとの関わりが変わってゆくことの良さをきちんと体感することが重要になってきますね。手応えが得られることによって、**持続可能な形でシュタイナー教育と付き合うこともできる**かなと思うので、まず大人たち自身が音との付き合い方・出会い方を大事にしていく必要があるのかなと、改めて勝田先生のお話を伺っていて痛感しました。竹田先生、今の点に関して何か補足いただけることはありますか。

竹田：本当にそのとおりだと思います。子どもは第1・7年期に、身体を育てると同時に、自分の感覚を育てています。周りの環境から影響を受けて身体を育てていくわけですし、それから、大人の模倣を通して心の状態を育てていくわけです。現代は、大人の生活に静けさがない時代ですよね。感覚を育てていない人たちが親になっているといいましょうか。そういう意味で今の時代は子育てが困難な時代なのかなと思います。こんなに静けさのない世界はかつて存在しなかったように思います。どこに行っても音があふれています。それで一度音を消してみるということをやってみると、子どもも大人も本当に落ち着いてきます。音楽教育はまずそこ（静けさ）からスタートさせる必要があると私は考えています。

井藤：おっしゃる通りですね。子育て中の読者の皆さんには、日々の生活の中で、まずは一定の時間だけでもいいので、試しに音を消してみていただけたらと思います。そして、同時にこの本を通じて腑に落ちるところまで、深くシュタイナー教育における音楽との関わり方を理解していただければと願っています。

10 おうちでできるシュタイナーの音楽ワーク

井藤：次に家庭で実践できるシュタイナーの音楽実践について、先生方にご教示いただきたいと思います。家の中でラジオを切ったり、部屋の中で流れている電子音のスイッチを切ったりしてみようというのが一番簡単な方法かなと思いますけれども、それ以外に簡単にできて、しかも実践する中で過度なストレスを感じにくいものはありますでしょうか。読者の皆さんがプレッシャーを感じずに実践できる手軽な実践があればぜひ教えていただきたいです。

勝田：私は今それを試行錯誤しながら実践しているところです。一つは、1分間、「聴

くこと」に集中するというワークをお勧めしています。どのように実践するかというと、

① スマホなどの電子機器を音が出ない設定にする。
② まずは自分の外側にある音に耳を澄ます。
③ 次に自分の内側の音に耳を澄ます。

②で、自分の外側にある音に耳を澄ましてみると、自然と色々な音が聴こえてくるんですよね。ふだん聴こえなかった音が鳴り響いてきます。その際に、極力判断は入れない。「ああ、何か音がしているな」と、ただ聴くということに集中するんですね。

その後に今度は、自分の内側で鳴っている音に意識を向けてみます。自分の内側でどんな音が鳴っているか感じ取っていただきたいのです。

そうすると、自然と**静けさが自分の周りにやってくる**ことが多いんですね。静けさというのは音がないということではない、つまり**無音ではない**んです。音がしているけれども静かだなと感じられることがあると思うんです。そうした境地に身を置くために、今ご紹介した方法をお勧めして、受講者の方と一緒に私自身も体験しています。

井藤：面白いですね。一つ、ご紹介いただいたワークについて質問させてください。②の「外側の音に耳を澄ます」というのは、例えば「車が通りかかった音」や「セミが鳴いている音」が鳴り響く中で、静かにその場にたたずむ、ということでイメージがしやすいのですが、内側からの音に耳を澄ますと具体的にどのような音が聴こえてくるのでしょうか。

勝田：例えば、耳を澄まして聞いてみると、自分の呼吸の音が聴こえてくるんですよね。息を吸ったり、吐いたり。あとは心臓の音、鼓動が聴こえてきます。また、もしかしたらお腹がぐるぐると鳴る音が聴こえることもあるかも。実は、意外と自分の内側でもいろんな音が鳴っているんです。

とはいえ、③のワークの中で、何も音が聴こえなくてもいいんです。ともかくも、そのようにして意識的に聴こうとするプロセスが大事だと私は考えています。現代人は、私もそうなのですが、常に外側にアンテナを張ってしまっているんですよね。外側から来るものをひたすらキャッチして、情報過多になってしまい、処理に困っている状態。だから、そのアンテナを自分の内側に向けて、聴くことを通して「今、自分がここにいる」という実感を体験する、そういったワークをお勧めしていますね。

井藤：今のお話に関連して竹田先生、補足などございますか。

竹田：実は私も同じことを私が主催している講座の中でやっているんですね。私が頼まれて講座に行きますよね。そうしたら、受講者の皆さんに目をつぶっていただいて、しばらく耳を澄ませてもらってから講座を始めるんですね。そして、講座内では必ずコーラスをやるんですけれども、その時に自分の内面の声を聴いてみるんです。今、自分の中に浮かんできた声、声の音、そういうものをハミングで出してもらうんですね。

そうすると、本当にその場に静けさがやってきて、人の話もちゃんと聴けるようになります。非常に面白いですよ。だから先ほどの勝田さんの話を聞いていて、びっくりしました。私も講座の中で勝田さんと同じことやってるなと思って（笑）。そういう実践を重ねながら耳を澄ます練習を行います。外側に音がない、無音の状態だと逆に内面の音がうるさくなってきます。実際にやってみるとわかると思うんですけれども。

勝田：何でそれをするかというと、今の時代、**自分の内側と外側の境界が弱まっている人が、子どもも大人も多いんですよね**。外側でいろんなことがあると、それを受け取り過ぎてしまって心がざわざわしてしまう。心がざわざわしているとそれがわっと外側に漏れ出してしまって、人を攻撃してしまったり、いらいらしてしまったり。でも、人って必ず見えない境界線を持っていて、だからこそ私がここにいるということを感じられると思うんですよね。

だから、**聴くということを通してこの外と内というものをいい意味で分けていく**。聴くことは、「私はここまでなんだ」という、自分の境界線を知る練習にもなるなと思ってやっています。

私はいろんな場所で実験していて、例えば、このワークは駅でもできるんですよ。駅のベンチに座って実践できます。駅は周りがうるさいですけれども、あえてそこで「ああ、今どんな音がしているのかな」と聴いてみるんです。音はいろんな方向から聞こえますよね。視覚には視野がありますが、音は360度、全方位からやってくるじゃないですか。上からも下からも、右からも左からも。**音の方向性を感じるというのは、自分の位置を確認することにもつながる**と思うんですね。もしくは上下左右、前後などいろんなバランスの中で人間は生きていますけれども、音はバランス感覚も育ててくれると思うんですよ。それが呼吸にもつながってくるので、やはり聴くことに集中するというのは子どもにとっても、大人にとってもすごく大事なことだと思います。

井藤：なるほど、今のお話は冒頭で話題になった「能動的に聴く」という話とつながってきますよね。

勝田：はい、おっしゃる通りです。私はマインドフルネス瞑想[11]からヒントを得たのですが、まさに今お伝えしたワークは、マインドフルネスの聴くバージョンです。**判断しないでただ受け取る**。どんな音かな、どこから来ているのかな、どんな動きの音なのかということをただ受け取るという、そういう練習ですね。

竹田：それともう一つ。現代では、境界が非常に薄い人たちが多いと言われていますけれども、きちんと「聴くこと」を心がけていると、先ほど勝田さんがおっしゃったように自分の位置がわかってくるわけですよ。**自分がどこにいるのかを自覚できる**。境界が薄いと外の世界に自分を持っていかれてしまいます。そうではなく、**外と内を自由に行ったり来たりできるということが一番理想なわけでしょう**。ですから、外の世界とも協調できるし、自分の内側、つまり内面に入っていくことによって自分自身を強化してゆくこともできる。すなわち、自我の力を強めるということでもあるわけですけれども、そういうことが出たり入ったりの経験を繰り返すことで強化されていくわけです。あまりにも今の時代は内側の力が弱い人が多いと私は思っています。

ですから、さっき勝田さんが「このワークは騒がしい駅の構内でもできますよ」とおっしゃったけれども、そういう**ざわざわした非常にうるさいところでも自分になれる**んですよ。だから、**消耗をあまりしなくなる**というか、消耗させられなくなりますね。自分の防御力を強化することもできるし、そう考えると音楽をやっている人というのは自我が強いということも言えますね。

井藤：今お話しいただいたことは、生音のほうがいいという話ともつながってきますかね。やはりデジタルの音というのは外側からやってくる音で、内側からつかみ取っていく音とは違うので、何かデジタル音優位の世界で内と外の境界があいまいになってしまうという今のお話とすごくつながってくるなと思いながら伺っていました。ありがとうございます。

11 - 自分のために声を出す

勝田：セルフケアについてもう一つ。やはり呼吸を意識する、呼吸に気持ちを向けるというのは簡単にできて、効果が高いですね。**自分のために声を出してみる**と自分が元気づけられるので、そういったワークもやっています。

井藤：「自分のために声を出す」というのは具体的にいうとどういうことでしょうか。

勝田：私もやってみて驚いたんですけれども、「歌ってみましょう」と皆さんに呼びかけると、やはり多くの方が人前で声を出すことに対して、緊張しちゃうんですよね。どうしてなのかと考えた時に、やはりうまく歌わなければいけないだとか、歌って聞かせなければいけないとか、学生時代の音楽の時間に教育を受けてきていて、そういう身体になっちゃっているんですよね。

そうではなく、例えば、ハミングの音を自分の身体の中に響かせる感じで、鼻歌じゃないですけれども、**自分のために声を出してみてください**というと、「ああ、そういうことをしたことがなかったな」という人がかなり多いです。「自分のため」を意識してみると、おのずとあたたかい静けさのある声が出ることが多いんですよね。そういうちょっとしたイメージの変化で、**自分の声を使って自分を元気にしていくということができる**んです。

井藤：それは目からうろこですね。やはり声は人に何か情報を伝えるため、つまり、他者に届けるために発するものというイメージがあると思うので、**自分に矢印を向けて自分自身を癒やしていく力にしていく**という発想はあまりないですよね。

勝田：そうなんですよ。音楽療法で用いるライアーの音色について、よく「癒やしの音」だといわれます。私たち日本人は何気なく、「癒やされる」と言いますが、音楽療法士としては**癒やすのは自分自身だと考えています**。自分の力で自分を癒やしていく力、それを自己治癒力と呼びます。シュタイナー教育では、**自己教育力**という言葉もありますね。[12]自分で自分を育てていく。自分で自分を癒やしていく力はやはり聴くことにフォーカスすることによって育まれると思うので、どうしたらそこにたどり着けるのかというのを考えながら実践しています。

自分で自分を癒やすことは、セルフケアと言い換えられます。今、自分が持っている力でどうすれば自分自身を癒やしていけるのか、自分を育てていけるのかという観点で、試行錯誤を続けています。

井藤：すごく面白いです。シュタイナー教育における音楽の考え方にも関わってきますね。あくまでも外側から子どもや大人を癒やすのではなく、**本人が自分の力で自らを癒やしていくための援助をしていくという立ち位置だ**と考えていいですよね。外から癒やしを与えるというアプローチではない。

勝田：そのとおりです。

井藤：アントロポゾフィーにおけるそうした考え方は非常に独特で、しかも面白いです。音楽療法については、ともすれば、外から癒やしてもらうものだというイメージを持たれがちだと思うのですが、音楽療法士の皆さんは、**クライアントが自分自身で癒やす力を増**

幅させ、最大化していくサポートをされているわけですね。

12 - 子どもが子どもらしくいられるように

竹田：子どもを育てるということは、自分を育てるということでもあるわけです。そこに着目したら自分がどういう人間になっていくのかということのほうが大事かなというふうに思います。その姿を子どもは見ています。なぜ私が音楽の道を志したかというと、私の親は明治時代の親ですから、私の場合は、子ども時代に周りに何も楽器なんてなかったんです。私の親の世代は、今みたいに音楽教室もあるわけじゃないですし、私が育った時代もそうでした、戦争中でしたから、楽器はなかった。けれど、親がいつも歌を歌っていたんですよ。

私の母はクリスチャンだったのですが、讃美歌をよく歌っていたんですね。私自身は、振り返ってみると、親の歌声を聞いて育ったと感じています。だから、私は親の影響を受けて、自然に歌を歌うことに興味を持ったのですが、やはり歌が音楽の原点ですよね。歴史的にみてもそうですからね。人間が声を持つに至ったときに、初めて、特に女の人から歌が出たんですよね。その声を聴くということを始めて、そして自分が声を出すことの喜びを感じて、そして今度はそれが人に移っていって聞いてもらったという、そういうつながりができ、共同体ができていったのです。

現代では、最初に子どもたちに楽器を習わせようとするでしょう。けれども、子どもたちにとって何よりも重要なのは、**自分が音楽になる体験をしてみる**ということだと私は考えています。

だから、繰り返しになりますが、まずは原点に戻るべきだと思います。シュタイナーは何も特別なことを言っていないんですよ。本当に人間にとって当たり前のことを言っていると私は考えています。それをシュタイナーが主張していることが特別だと感じるのは、やはり教育のせいだと思うんですね。人間にとっての本来的なあり方とは異なる教育を受けてきたおかげで、全く違う価値観ができ上がってしまった。長い時間をかけてそうなってしまったと感じますね。

ですから、**素朴になって本当に人間というものを感じてみたら誰でも楽器を持っているんですよ**。つまり、**声という楽器**を持っている。そういう意味で歌を歌ってみるのが重要です。だから、おうちでお母さんは**もっと歌えばいい**と私は考えています。

井藤：なるほど。非常に本質的なお話をいただきありがとうございます。例えばシュタイナー教育において、９歳ごろ（３、４年生）を迎えるまでは楽器は習わないという考え方も、そこだけ切り取られるとどうしても「シュタイナー学校では楽器は習わせちゃ駄目なんだ」という情報だけがひとり歩きしてしまって、本質の部分が伝わらないまま禁止の多い学校となってしまうのが残念です。シュタイナーの音楽に対する根本的な考え方に立ち返り、保護者が子どもに歌を届けること自体が子どもたちに喜びや静けさをもたらし、さらには人生をつかみ取っていく予感を育んでいくんだということをきちんと理解する必要があるなと思っています。

勝田：子どもが子どもらしくいられる時期を保証してあげる、守ってあげるといいましょうか。子どもはどうしたって、大人になっていくわけですから。現代はどうしても早く育てようとする風潮があるので。野菜も一緒じゃないですか。完熟するまで育った野菜と促成栽培とでは違う。シュタイナー教育に関わっていると、ゆっくり育てることの良さを実感しますね。

井藤：子どもを大人のミニチュアとしてみないということですよね。

勝田：そうですね。待つ楽しさといいましょうか。どんな子になっていくのかなとか、この子はどんな楽器をやることになるのかなとか。シュタイナー教育は、**子どもの成長を楽しみに待つということを親に与えてくれる教育**だと思います。親も楽しめる教育と言えると思います。

井藤：シュタイナー教育は、子どもの成長の**プロセスそのものを楽しむ・味わうという教育なので、非常に音楽的**だなと思います。早くヴァイオリンが弾けるようになるという結果が目指されているのではなく、その時しか味わうことのできないプロセスにしっかりと向き合う。

勝田：シュタイナー学校の子どもたちの様子を見ていると、生活の中に音楽があるんですよね。楽器を始める時期は遅いのですが、その分、習い始めた後の伸び方がすごいんですよ。聴く力があるし、音楽をたくさん体験しているので、ピアノでもヴァイオリンでもなんでもすぐに上達してしまいます。もちろん、卒業後に音楽の道に進む人たちもいますが、そもそもだいたいの子どもたちは**生活の中に音楽を取り入れて楽しんでいる**傾向があるんです。

竹田：シュタイナーは「人間は音楽である」と言っていますが、私はその通りだと思います。人間は音楽そのものであり、そういう人間を育てるのがシュタイナー教育だと私は考えています。

井藤：シュタイナー学校は芸術家を養成する学校ではないという点は何度も強調したいと思います。芸術家養成の学校ではないのですが、音楽が極めて重要な、最も中心的な位置づけにある。日本のカリキュラムにおける音楽教育の立ち位置そのものを問い直す視点だと思います。音楽は複数ある教科のうちの一つではない。全教科を貫くものであるという点が極めて重要だと感じています。

勝田：シュタイナー幼稚園・保育園の生活を見てみると、本当に音楽的です。一日のリズムがあり、一週間のリズムがあり、季節のリズムがあり、一年のリズムがある。綺麗なリズムの中で毎日が営まれています。外で遊んだり中で遊んだりという呼吸のリズムもあります。さらにお部屋の中の色彩も調和が取れていて、色のハーモニーを子どもたちは感じることができます。また、先生たちが、歌ったり語ったりもしますので、音楽のメロディー的な要素も含まれています。音楽は、何も楽器を演奏するだけでなく、**生活自体が音楽になっている**という点がシュタイナー教育の特徴です。9歳くらいの子どもは、そうやって音楽を体験できるので、何か一つの楽器に特化するよりも、生活から体験した方が本当に音楽が身につくのです。音楽を狭い意味で捉えるのではなく、生活のリズムなどといった視点に広げて考えていくと、子育ての中でさまざまな気づきが出てくるかと思います。

井藤：とても興味深いです。先ほど触れたとおり、シュタイナーの発達論において、第1・7年期の課題は子どもの意志を育てることにあります。シュタイナー教育では、生活のリズムを整える中で、子どもたちの意志が育まれると考えていますね。

ところで、シュタイナーの音楽に関するお話は学校教育の場面に限ったお話ではないですよね。人生全般に妥当する視点をもたらしてくれるように感じています。

勝田：おっしゃるとおりです。私は今、終末期の患者さんと関わっていますが、自分を育てていくということが人生の最後まで続いていくということを患者さんを通じて教わりました。いろいろなことを知りたいし、自分を高めたいと最後まで思っていらっしゃる。患者さんたちは死の間際までずっと自己教育を続けていらっしゃいます。

亡くなる間際まで人間に残るのは聴覚と触覚だと言われています。最後に皆さんが聞きたいのは小さいときに歌った歌や家族の声なんですね。そういうところに皆さん最後に戻っていくんです。そう思うと、小さいときにどんな音や声を聞いていたか、それが人生を最後まで支えていくんだなと感じています。子どもの頃、どんな環境にいたかがとても重要になると思います。

井藤：人生の最初の数年間の音体験が、死が近づいた時に甦ってくるんですね。

竹田：そうですね。記憶は3歳くらいまでしか辿れませんから、3歳前後に歌った歌は最後まで残るんですよね。どれだけ歌の体験をしてきたかが、歳をとってからの人生の支えになるんですね。私も認知症の患者さんにずいぶん音楽療法を実践してきましたが、患者さんたちが子どもの頃の歌を歌うと生命力が溢れてくるんです。先ほども申し上げましたが、まずは歌が大事だと思います。

ともに歌うことは嬉しいですよね。嬉しいということは生きる力になります。嬉しいと思う力は、生きる支えになります。子どもの頃に歌った経験がすごく大事になってきます。

私は、竹の子の会[13]というのを開催してきたのですが、そこでも親子でたくさん歌ってきましたね。今は、何かがないと歌えない、自分の中から歌が出てこないんです。子育て中の方たちには、自分の中から歌が出てくるぐらいに歌の体験をたくさんしていただきたいと思います。

中には、「どうやって歌っていいかわからないのでＣＤをつけてください」とおっしゃる方もいらっしゃいます。「いや、ＣＤはつけません」と私は伝えました。簡単な歌は聞けば歌えるようになります。**聞いて、覚えて、歌う。それが基本です。**現代は、歌うことができない時代になってしまっています。良い声で歌わなければならない、音程を外しちゃいけないとか、そういった思いが、人々の中にある。大人自身も子ども時代にかえって歌うところから始めてほしいなと思います。

勝田：竹田先生のお話を聴いて改めて思ったのですが。冒頭で、私は「音楽はつなぐもの」とお伝えしました。**人生の後半を生きる方々は、過去の自分に繋がることが生きる力となって、**そうすると終末期の患者さんたちは、心もあたたかくなりますし、手足もあたたかくなります。聴く力が育まれるということが本当に人生を支えると思います。

井藤：本日は貴重なお話をいただきありがとうございました。第Ⅱ部では、脳波や体温、呼吸の測定をつうじてシュタイナーの音楽実践を分析してゆくわけですが、先生方との対話を通して、第Ⅱ部の内容に関わる数多くの重要なキーワードをいただくことができました。

第2章　人類の意識と音楽

吉良 創（きら はじめ）

自由学園卒業。ヴァルドルフ幼稚園教員養成ゼミナール修了、ライアー演奏をA・ローリング氏に師事。現在、NPO 法人南沢シュタイナー子ども園代表理事、滝山しおん保育園園長、日本シュタイナー幼児教育協会理事、ライアー響会代表、Quiet Waters 代表。国内外でライアー、シュタイナー幼児教育の講座、講演、コンサート、執筆などをしている。

1 - 人類史と音の進化はパラレルだ

吉良：音楽に関するシュタイナーの理論を理解する上では、『音楽の本質と人間の音体験』（ルドルフ・シュタイナー著、西川隆範訳、イザラ書房、1993年）という本が参考になるのですが、その中に所収されている「人間の音体験」（1923年3月7日、8日）と

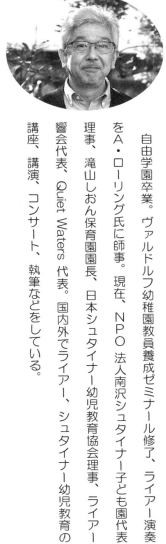

いうタイトルの講演に注目してみましょう。シュタイナー自身は色々なところで、**人類の発展過程で人類の意識がどう変化し、覚醒していったか**について話をしていますが、この講演では人間の意識の覚醒と「インターバル（音程）」を結びつけて語っているところが面白いところだと思います。

本講演は、入間カイさんの翻訳も日本シュタイナー幼児教育協会から出版されています（『ルドルフ・シュタイナー 人間の音体験 音楽授業の育成の基礎として』、日本シュタイナー幼児教育協会）。しかし講演内容自体、何回読んでもわからないところがたくさんあるので、予備知識のない状態で読み進めるのは難しいかもしれません。

その講演では、**人類の進化に伴って人類の持っている意識の状態がだんだん変わっていった**ということが述べられています。人類は進化の過程で徐々に覚醒していくことになるわけですが、そのプロセスについて、シュタイナーの捉えている時代区分にしたがって話が進んでいます。

井藤：そうですよね。シュタイナーの時代区分は独特ですし、あまりにも壮大なので、そこに登場する数多くの見慣れない用語に触れると、それだけでお腹がいっぱいになってしまう方も少なくないと思います。この本では、そうした「一見さんお断り」のシュタイナー思想の深部にはあえて立ち入らずに、シュタイナーの音楽に関する考え方のエッセンスを掴み取っていきたいと考えています。

吉良：私も講座などでお話をするときに、人類の意識の発達についてお話をしますが、シュタイナーの時代区分に関する用語は使わずに解説するように試みています。

ここでは「太古の人類」というような言い方で解説を進めますね。**太古の人類は7度というインターバルが当時の人類の意識に合っていた（ちょうど良かった）**というお話です。

7度のインターバルは、ドとシの関係ですので、2つの音の距離が離れています。ドとドが1度、ドとレが2度、ドとミが3度、ドとファが4度、ドとソが5度、ドとラが6度で、ドとシが7度です。オクターブは8度です（動画　を参照）。

私たちが普通に7度の音程を聴くと、少し引き裂かれるように感じられるかと思います。あるいは、覚醒するような感じを受ける方もいらっしゃるかもしれない。

この感じが7度のインターバルで、爪先立ちで立つような、そんな雰囲気です。私にとっては、**大地から一番離れているインターバル**という印象があります。

太古の人類は、人間ではあるのですが、まだ地に足をしっかりと下ろしていなくて、むしろまだ精神的な世界にいるのです。太古の人類にとっての7度は、現代人が感じる7度とは異なり、子どもでいうと、**生まれたての赤ちゃんに近いような**、まだ覚醒していない意識を持っており、その意識が7度と結びついている感じなのだと思います。人間として地上に存在しているのだけれど、むしろ神様の世界に軸足を置いていて、神様の音楽と共にあるという感じです。

2-5度の雰囲気について

吉良：さて、そこから時代が進んでゆき、だんだんインターバルが狭くなっていって、次にシュタイナーは**5度の時代**が訪れたと言っています。

5度の時代になると、自分と身体との結びつきがもっと強くなっていきますが、まだ完全に地に足を下ろしているわけではありません。精神的な世界と地上の世界を行ったり来たりするような感じです。外の世界とまだ閉じていない内の世界との間を行ったり来たりして、呼吸をしているようなイメージです。吸って吐いてという呼吸と5度の雰囲気・気分(Stimmung)が結びついています。

ドイツ語のシュティムングという単語は「雰囲気」や「気分」という意味です。英語では「ムード(mood)」という言い方のようです。

井藤:シュタイナー教育では、幼児期にはペンタトニック(「レミソラシ」「5音音階」)を持つ楽器がつかわれますよね。ペンタトニックの音階はどのように弾いても不協和音になりません。この音階は、子どもにとって非常に心地よく、「わらべうた」などもペンタトニックでできています。ペンタトニックの音階はダイアトニック(「ドレミファソラシ」「7音音階」)とは異なり、子どもたちが聴いていて「曲が終わった」と感じる音がないのが特徴です。音がずっと続いていく感覚を聴き手に与えるのです。このようなペンタトニック音階の特徴により、幼い子どもたちは、「夢見がちな状態」にとどまることができます。こうした体験を十分に味わいつくすことにより、多くのエネルギーが身体の健全な発達に用いられることが可能になるといわれています(ラヒマ・ボールドウィン・ダンシー著、合原弘子訳『新版 親だからできる赤ちゃんからのシュタイナー教育』学陽書房、2014年、190頁)。

吉良：5度のインターバルにおいては、呼吸するような感じで、外の世界と内の世界を行ったり来たりすることができるので、「自分」という意識があまりなく、まだ自分を忘れて外に出ていくことができます。5度の雰囲気の中を生きている人間が歌うときは、歌う主体としての私はまだいなくて、自分でない神様、天使のような存在が歌っているというイメージです。もちろん、歌うのは自分なのですが、**自分の中で天使が歌っているような状態**だとシュタイナーは言っています。

5度の時代では「私はこんなふうに歌いたい」「私はこういうことを歌いたい」というような、欲求や感情の主体としての自我がまだ未成熟ということなのです。その意味で、**感情の領域から自由な、まだ覚醒していない状態というのが5度の雰囲気だといえます。**言い換えるならば、まだ主観によって色づけされておらず、自分の感情の営みとは離れているのが5度の雰囲気です。

シュタイナーは講演の中で、5度の時代の音階は、まずレミソラシ、そしてもう一回レとミ、という言い方で、実際に音の名前をあげているんですね。このレミソラシレミの7音が、キンダーハープの7本の弦となったわけです。この7音は低音から高音まで連なるレミソラシというペンタトニック音階の一部分の7音です。私はこの7音は、ペンタトニック音階の一部というよりも、5度の雰囲気と結びついた7つの音というイメージを持っています。そこでは7音の中心はラの音であることがとても重要だと思います。実際にペンタトニックの音階からラの音から上下に5度の範囲の中にある7音がレミソラシレミの7音です。

そして、次は3度の時代になり、今度は「私が歌う」時代が始まり、歌う主体としての「私」が登場するのです。

井藤：なるほど。音楽との出会いに関して、シュタイナーの音楽理論特有の道筋があり、低学年では、「5度の雰囲気」[14]を感じ取る経験が非常に重視され、歌唱や器楽演奏では5音音階、すなわちペンタトニックが一貫して用いられるわけですね。そして徐々に音の響きの経験を広げていき、4度の響きや、3度の響きと出会っていく。そのプロセスを経た後、ポリフォニーの響きが導入されていくことになりますね。学年が上がるにつれ、オーケストラやコーラスなどアンサンブル活動の重視、音楽の形式や歴史に関わる知識の習得が行われるようになるという点が特徴ですね。

音楽の生成発展に照らし合わせて考えれば、5度の音楽から3度や4度の音楽へという流れは西洋音楽史の発展とも呼応していますよね。

3-3度の体験について

吉良：おっしゃるとおりです。3度の音楽について、もう少しお話しします。3度は先ほど申し上げたようにドとミのインターバルですが、2種類あります。ドとミは長3度（半音が4つ）で、ドとミ♭が短3度（半音が3つ）です。長3度はドミソという長調の和音と非常に強く結びついていますし、短3度が短調の和音を構成しています。

面白いことに、ドミソと弾いたときに、ドとミは長3度なのですが、ミとソは短3度なんですね。同時に長3度と短3度が鳴っているのですが、私たちは下のほうが長3度だと長調と感じます。短調の和音ドミ♭ソの場合、下が短3度、上が長3度で、この場合は短調と感じるのです。これは音楽の不思議です！（動画　を参照）。

3度の時代になると、人間は大地にしっかりと足をつけ始め、内側から生まれてくる音楽、主観と感情が結びついた長調・短調の音楽が生まれてきたのです。3度のインターバルと長調、短調、感情は緊密に結びついているという観点ですね。内側から外へと向かう感情が長調、自分の内側へ向かう感情が短調の質と結びついています。

そして、現代人の持つ日常の意識というのは、3度だといえます。ですから現代において流行している歌や、みんなが歌っている歌は、通常3度の感覚と結びついています。

そして人間の意識がさらに覚醒していくと3度よりも狭いインターバル（2度や1度）の体験を持つようになり、その先にオクターブ体験があるとシュタイナーは述べています。それがどういうものかについて、アントロポゾフィー関係の音楽の先生や音楽家が、いろいろと研究したり、解説を試みていますが、シュタイナー自身は実ははっきりと具体的には語ってくれていないようです。

井藤：なるほど。シュタイナー自身も音楽については、体系的に理論を展開してくれてはいないのですね。

吉良：私たちの日常の生活の中でストレスがあったり覚醒したり痛みがあったりするときには、2度や1度の雰囲気で、覚醒した意識と狭いインターバルというのはつながっているところがあるのではないかなと思います。

実際に西洋の音楽では、短調・長調、いわゆる調性のある音楽がクラシック、古典派の音楽の主流で、曲名に調性が書かれることが多いです。その楽曲の調性で基音（大地の音）となる音（例えばハ長調だったら「ド」）や主和音が、ベートーベンの交響曲みたいに曲の最後に、繰り返して強調されるという、自我の覚醒の確認のようなことが起こります。その曲の調性の基音（「ド」の役割の音）の基盤の上に長調・短調が成り立つということになるので、その意味では5度の時代ではまだ大地と結びついていないので短調・長調が成り立たないというところにもつながるかと思います。

でも、その後の時代にはドビュッシーが全音音階（半音のない全音階）、シェーンベルクなどが12音音階を生み出します。今度は調性を崩して、短調・長調でない音楽が生まれたわけです。その作曲家たちは、いわゆる「現代音楽」を生み出したわけですが、彼らは同時代人であり、その時代の衝動をはっきりと持っていて、その意識を持って音楽を作っていったところがあるのだと思います。

余談ですが、本来、芸術は「現在」の表現です。科学は過去、宗教は未来、芸術は現在と結びついています。同時代人の芸術に触れるということは、その時代を生きている人にとって実は非常に大切なことなのかなと思ったりもします。

インターバルに戻ると、5度と3度の間に4度のインターバル（ドとファの関係）があって、4度の質は境界線と結びついています。人類が5度の気分にいた後に、4度によって本当に自分と外との世界との境界線をはっきり感じて、その境界線をはっきりと感じたからこそ、今度は内側に3度が生まれてきた。閉じた世界の中で3度が生まれてきたということになると思います。

4 - 子どもの成長は人類史を繰り返す

井藤：ありがとうございます。初めてシュタイナーの音楽理論に触れる読者というのは、まず**人類史と音の進化がパラレル**だという考え方自体に驚かれる方が多いと思うんですよ。何かペンタトニックの音楽、心地いいなとみんな聞いていて思うとは思うんですけれども、それがなぜこの幼児期の子どもたちにとって必要なのかということはなかなか腑に落ちづらい方も多いと思います。

吉良：「個体発生は系統発生を繰り返す」[15]という考え方がありますね。この観点から見ると、子どもは生まれてから、人類の意識の発展の歴史を繰り返すことになります。その観点が実はすごく重要な気がしています。乳児は、やはり土、砂、水、どんぐり、貝殻、そういうものが好きなわけですよね。石器時代のような太古の人類の生活を繰り返しているように思えます。人類の歴史を踏まえると、シュタイナー教育のカリキュラムは、子どもが人類史を追っていけるようなプログラムだということができそうです。

このシュタイナーの講演は音楽についてだけではなく、その後に9歳以降の話、つまり教育の話に続いていきます。9歳までの子どもは、5度の雰囲気の中で生きていたが、**9歳を過ぎると3度の時代となり、自分の中に閉じた内的な世界、つまり主観のような世界ができて、それが外と向かい合うという意識を持ち始めるわけです。**内的空間＝魂における自我の覚醒が9歳頃に訪れ、そこからは3度の感情というものが自分の中にもあるからこそ、長調・短調の音楽の本質と子どもの本質が直接結びつけられるという観点です。それより前の子どもたちというのは、短調・長調の歌を歌うことはできるけれども、まだ自分の中にその3度の質、内的感情の領域、短調・長調の質が自分のものになっていない未分化な状態なのです。幼児ならではの感情のあり方は、まだ感覚体験と結びついた5度のような感情のあり方をしているので、早い時期にそうした音楽に触れさせるのは、本当は子どもの成長発達の段階に合っていないということをシュタイナーは言っているのです。

シュタイナー自身が「キンダーハープを作ればいい」とは言っていないですし、「5度の歌」（長調・短調でない5度の雰囲気の歌）に関しても一切述べていません。9歳前の子どもには5度の雰囲気が重要だとは言っているのですが、それを実際の歌とか音楽とか楽器に結びつけたのはシュタイナーではなく、**シュタイナーの思想を受け継いだ後の人たち**ということになります。

シュタイナーは講演の中で「生まれたての赤ちゃんは7度の雰囲気の中にいます」とか「胎児はもっと大きな広いインターバルだ」といったことにも言及していません。9歳より前が5度とだけ述べています。でも、このように人間の意識とインターバルの関係を見ていくと、生まれたての赤ちゃんは太古の人類と同じように7度のインターバルの中に生きていると考えられるのではないかと思います。

井藤：第1章でも言及しましたが、シュタイナー教育の中では楽器を9歳までは習わせないとか、[16] そこの部分だけがちょっとひとり歩きして語られることもあるんですけど、きちんと人類史の中でその発達段階に適した音というものがあるんだ。しかもそれが単に音楽教育の話だけではなくて、今、吉良先生もちらっとおっしゃっていましたけれども、教育そのものに関わってくるようなかなり本質的な話題なんだということを改めてこの本でも強調したいなと思っていまして、本のタイトルには音楽と入っていますが、シュタイナー教育のエッセンスについて音楽的な視点から語っていく本になればと思っています。

吉良：そうですね。例えば古代オリンピックで行われた競技は何だったでしょうか。それはもう幼児の遊びのようなもので、そこにはルールのある球技はないわけです。跳んだり跳ねたり走ったり、あとレスリングぐらいですよね。

そうすると例えば、サッカーが人類史の中でどの時代に生まれたスポーツなのかということを考えたら、どれぐらいの発達段階の子どもの意識にふさわしいスポーツかというのは自ずと分かるのではないでしょうか。いろんなところで、その考え方は通用すると思います。

井藤：人類史という視点を持っているか否かによって、シュタイナー教育と向き合う際の姿勢もかなり変わってきますよね。「何で禁止されているのか」、きちんと納得感を持って理解できる気がします。

吉良：そうです。さっきおっしゃられた楽器に関しては、シュタイナー学校の1年生だったら例えばコロイのペンタトニックの笛を皆で一緒に吹きますし、キンダーハープも取り入れているクラスでは、クラス全体で一緒に演奏します。1、2年生ではまだ和声のある音楽を歌ったりしないですが、9歳を過ぎてから実際に今度は、和声、ハーモニー、「ハモる」音楽が始まっていくわけです。そして一人ひとりの個人の楽器を始めるのが9歳という話は、それ以前に楽器を習ってはいけないという話ではないですよね。それまでは、5度の雰囲気に生きているのだから、まだ自分が楽器を演奏するというよりも、皆が一緒に、子どもの発達段階に合った音楽をふさわしい楽器で演奏し歌う、というところが大切なのだと思います。

5-一人ひとりの子どもに寄り添った対応を

井藤：シュタイナー教育では、例えば「幼い頃にピアノは習ってはいけない」という部分だけが切り取られ、もっと本当は子どもに音楽やらせたいのに！と感じられる方もいると思います。

吉良：今話題に上がった「9歳以前は楽器を習わせない」という観点は、言ってみれば一般論の話です。

しかし、一人ひとりの子どもは全く異なる存在、人間です。そうすると、例えば**ピアノを弾く人が家族にいる場合、乳幼児がピアノを弾かないということは、模倣衝動があるので、ありえない**わけです。親がピアノを弾いている姿を見て、自分もピアノを弾きたい！という模倣衝動が働くことは、その子ども健やかに育っている幼児である証拠でもあるのです。それから、何か楽器を習うのであれば、とても大切なのは「先生」の存在です。何をどう教えるのか。その子に合ったことができるのかという先生のあり方が重要です。

その先生がどれくらいその楽器がうまいかどうかはあまり重要なのではないと思います。その子どもがその先生を好きかどうか。その出会いが大切です。その先生と良い関係が持てると、楽器を弾くのも楽しくなっていくでしょう。

井藤：非常に重要な視点ですね。一般論の話と、私にとってピアノという楽器がどういう意味を持つのかは、また別次元の話ということですね。

吉良：そうなんです。ピアノの先生を母として生まれてきている子どももいるわけです。

井藤：そこが大きいですね。なぜこの家族を選んできたのかという、いわゆる転生の話にもつながってきます。ピアノの先生をお母さんに持つ子どもとして生まれてきたにもかかわらず、「ピアノから遠ざかれ」と子どもに言うのは、かなり不自然というか不可能に近いわけですからね。そのあたりの柔軟さというか、シュタイナー教育の持つもう一つの説明原理も大切にしながら、その子に合ったオーダーメイドな対応が必要になってくるのではないかと思います。

吉良：そう思います。けれども、とても生真面目な人がシュタイナー教育について学び、一生懸命実践しようとすると、シュタイナー教育の一般論の部分（全ての人間に当てはまる人間学）や具体的な教育実践の方法に囚われてしまいがちです。子どものためという思いはあっても、人間としてとても良い人なのに、一般論や方法論に重きを置く傾向が生まれてしまい、その子どもを問題児かのように扱ってしまうことが起こってしまいます。

井藤：それは本当にもったいないですよね。シュタイナー理論は本当に豊かで、生きた理論なのに、それを矮小化してしまうというか、本来、私たちを縛るための窮屈な理論ではなく、自由に生きるためのヒントをたくさん与えてくれる理論だと思うんですけれども。

吉良：シュタイナーは一人ひとりの人間が一つの「種」と言っています。みんな違うわけですよね。だから、その人に一般論を押しつけても仕方ないわけです。人間とは何かということに関心を持ち、学ぶことは、本当にとても大切で、シュタイナー教育の基盤になります。しかしそれと同時に、目の前にいる、その子どもに関心を持ち、よく観察をしていくことが大切で、それによってその子どもにどのように接したらいいかをその都度発見し、それを行い、その教育行為そのものが芸術、教育芸術になる、というのがシュタイナー教育なのだと私は思っています。

井藤：おっしゃる通りだと思います。人類史や転生の話など、一方でマクロな視点を持ちつつ、目の前の子どもという存在と向き合う、そのバランスが重要だと感じました。

6 - なぜ生音《なま》が大切？

井藤：続いて、実践的な話に話題を移していきたいと思うんですけれども、なぜ「生音」が大切にされるのか。この本の第1章でも言及いたしましたが、シュタイナー教育では、特に幼児期において「デジタル音は避けるように」「お母さんが歌うことが大事だ」ということが強調されると思うんですけれども、この点について、吉良先生のお考えをお聞かせいただければ嬉しいです。

吉良：本来は、例えば9歳までの子どもについて考えたときに、やはり子どもには**模倣衝動**があって、模倣を通じて人間になっていこうとしているわけです。だから、人が歌う、人が楽器を奏でるという人間の当たり前の営みを、普通に生活の中で体験できるということは非常に重要だと思うんです。再生されたスピーカーから出てくる音楽がどんなにすばらしい演奏家のすばらしい演奏であったとしても、生音に直接触れることが特に乳幼児期においては大切だと思います。

　音楽というのは一つは数学の世界なので、数がとても重要で、先ほど5度の音楽についてお話しましたが、チューニングが狂っていたら、ドとソを弾いても5度の質は生まれないわけです。例えばキンダーハープは調弦できていなかったら、オブジェとしては美しいけれども楽器ではなくなります。音合わせすることによってキンダーハープになるのです。音程の他にテンポも音量も音色も、録音してＣＤで再生することができますが、その場合は音楽の中の数量化できるものが録音再生されて、それが今はデジタルで扱われるわけです。そうした数の部分がその音楽の骨格と言ってもいいかもしれません、その部分が美しければその音楽は美しいですし、その音楽ならではの力もあるわけです。ですからハウスでモーツァルト流したらトマトがおいしくなったというような効果もあるのだと思います。

　人が歌うという当たり前の姿を、子どもが直接体験できて、それを模倣して自分も歌うということは、とても大切です。スピーカーで再生される音楽やスクリーンに映し出される映像というメディアを通しての音楽や映像は**間接的**で、数量化できない質の部分と出会うことはできません。

子どもたちが何を食べたかによって味覚が、何を聴いたかで聴覚が育っていくわけなので、そこで実際に**質のあるものを直接、感覚を通して体験**することが重要になります。その意味では9歳を過ぎると外の世界に向かい合う意識が生まれるので、スピーカーから出てきた音に対して自分で意味づけすることが可能になるわけですよ。数量化されたものに質を自分で付け足して完成させることが可能になります。大人と同じような聴き方が始まるのです。

9歳以前の子どもは、スピーカーから出てくる音と同一化してしまうのです。質のある人間としての子どもなのに、無機的なものとたくさん出会うことによって、人間の持っている質の部分、**精神的な質**と言ってもいいと思いますけれども、それがちゃんと育たない可能性がある。やっぱり**質と出会うことによって、質が育つ**という観点かなと思います。その意味で、やはり「生音」はとても大切です。「質」は数量化して扱えないのです。

井藤：面白いですね。今、表現としてすごく独特で面白いなと思ったんですけど、要は、音にも量的なものと質的なものがあって、量的な部分はデジタル的に処理されても我々のもとに届くけれども、質の部分が届かないということですね。**その質には精神的なものが**

宿る。

吉良：そうですね。例えば、ライアーの音を録音して、スピーカーを通じて再生した音には、当たり前ですが直接の弦の振動はありません。そこにはライアーの弦も無いですし演奏する人間もいないわけです。でも、ライアーの弦によって生まれた音が録音されて、それが再生されている。

レコードという言葉は記録という意味ですよね。音楽の場合はレコードやＣＤなどのモノに記録され再生されるわけです。そうすると、モノとしての音楽の形が出来上がり、それは商品となり、いかに売れるモノをどう作るかという音楽産業が出てきたのだと思います。

井藤：なるほど。**音楽がモノ化する**という視点は、すごく面白いです。シュタイナー教育では、モノ化した音楽ではなく、コトとしての音楽を大切にし、そこにこそ、精神的なものが宿っていると考えているわけですね。

7 - 静けさのおおいの中で育てる

井藤：続いて、「おうちでできるシュタイナーの音楽実践（子ども向け）」という視点からお話をいただければと思います。この本では、家庭で手軽にシュタイナー教育の実践を行うことで、シュタイナー教育の裾野を広げることをミッションにしていますので、近くにシュタイナー幼稚園がない方が読んだとしても実践できることを教えていただければ幸いです。あと、もし可能ならば、大人が自身のセルフケアを行なったり、子どもへのケアを行う際に有効な実践をご教示いただければ嬉しいです。

吉良：これはある意味で音楽の前提とも言えるのですが、やはり生活空間に「静けさ」があるというのが一番の基本かなと思います。

すでに絶版になってしまったのですが、吉良 創『シュタイナー教育の音と音楽』（2002年）という学研から出版した本があるのですが、最初に「生活の中の音」という章があって、そこでまずは「静けさ」が重要だということを強調しました。

この本には「静けさのおおいの中で」という副題をつけています。この副題は、竹田喜代子先生とアウディオペーデを一緒に作ったラインヒルド・ブラス氏（ドイツ人の音楽の先生）が――私も彼女の友達なのですけど――日本に来ていたときにつけてくれた副題です。静けさのある守られた空間がとても大事だということを言葉にしてくれました。私は「**静けさのおおい**」という言い方をしますが、音が鳴る、響く、あるいは音楽の前提として、静けさは本当に必要だと思います。

音楽以前の音で、例えばお母さんが台所で包丁でトントントントンと切る音だったり、外で鳥が鳴いていたり、夏の風鈴が鳴ったり、虫の声が聴こえたりと、生活や自然の中にはいろんな音がありますよね。静けさがあると、それらの音を心地よく感じ、出会うことができます。

でも私たち現代人は、すぐにスイッチを入れてＢＧＭをかけます。大人が音楽を聴くこと自体は全く問題はないのですが、少なくとも乳幼児が一緒にいるときにはそれはやめて、静けさのある環境の心地よさ、風通しのよさなどを、子どもたちが感じることができたらよいと思います。

音楽と言えるかどうか分からないですけども、お母さんやお父さん、先生の話し方、声の質というのも重要です。静けさの中で心地よく響く声の質だったり、話し方のリズムだったり、間の取り方だったり、そういったものが子どもたちを健やかに育みます。音楽においても「間」は非常に重要で、「間」が取れる人はちゃんとその音楽の質と結びつくことができます。言葉の「間」、子どもたちに声かけするタイミングなど、同じことを言うのでも、タイミングや間の取り方によって伝わり方は変わってきます。

8 いつでも歌っていられるような状態で

吉良：そして、とても重要なのは歌です。ただ、先ほど言った音楽は数学だという観点を踏まえると、もちろん音程がちゃんと取れて歌えたらすばらしいです。音程をちゃんと取って歌えない人は自分ではそのことが分からないことが多いので、非常に難しいのですが。でも、お母さんや先生が楽しそうに、子どものために、自分のために歌っていることはとても素晴らしく、上手に歌う必要はないけれど、子どもたちが、人が歌うということを生活の中で当たり前に体験するということが大切だと思います。

それから、私たちが歌わされているのではなく、自分から歌っているときというのは、自分がよい状態のときなのです。お母さんが何か歌いながら、別に5度の歌じゃなくてJ-POPでも何でもいいですけど、歌いながら楽しく家事をしているときに、子どもが何かやらかしたら、その瞬間に歌は止まるわけです。歌いながら怒れる人は多分いないかなと思います。だから、お母さんが、実際にちゃんと歌っていなかったとしても、**いつでも歌っていられるような状態でいるということは子どもにとってとてもよいと思います。**もちろんそれはお母さん自身にとってもよいわけです。これは、大人のセルフケアにもつながっていくかもしれませんし、私たち大人が**歌える状態を保つ**というのがとても重要です。お風呂に入っているとき、家事をしながら、あるいは車を運転しながら歌う場合は、その人はリラックスしている状態です。でも、いつも車を運転しながら歌う人も、運転免許を取りたての頃や、教習所では歌っていないわけです。やはりその人が運転と結びついて、それを当たり前にこなせるようになると歌えるわけです。自分が歌える状態でいるというのは、そういうことです。

井藤：面白いですね。歌うことが自分に余裕があるかどうかを判断するための一つのバロメーターにもなるということですね。

吉良：今お話したことは、「失恋したからカラオケへ行って歌って発散する」というのとは、別の次元の、生活の中にある歌の話です。

井藤：そうですよね。今いくつかの観点をいただきましたが、改めて重要だなと思ったのが、「静けさ」というのは「音がない」という意味とイコールではないという点です。無音という意味ではない。

吉良：そうです。無音ということではありません。そこに音が生まれる前提とでも言いましょうか。現代の生活空間では常に何かの音が鳴っています。例えばエアコンの音だったり、電気系統のジーっという音だったりとか。本当の静けさに近づくためには、できるだけ人工的な音（ノイズ）が鳴ってないことが望ましいと思います。

音と関わる環境では、音量は小さいけれどきれいな音の楽器があるといいと思います。音というのは、静けさのある空間にはきれいに響くし、子どもはそういう音に対して耳を澄まして聴くということを始められます。小さなきれいな音は、そのきっかけになります。その意味でキンダーハープやグロッケンのようなシュタイナー園でも使っている小さいきれいな音のする楽器は、静けさにおおわれた空間にふさわしいと思います。そのような楽器を弾くのでしたら、その前提として空間に静けさが必要です。騒音の中でキンダーハープの本来の音はうまく響きません。

大きい音が鳴って、聴こうとしていないのに受け身的に聞こえてくるという聴き方と、自分から、乳幼児期の頃は無意識だけど自発的に自分から耳を澄ませて聴くという聴き方には大きな違いがあります。耳を澄ませるというアクティブに聴く能力を乳幼児期には身につけてほしいわけです。聞こえてくるものを仕方なく聞くのでなく、自発的に自主的に、自分から聴こうとする能力です。

私が担任をしていたシュタイナー幼稚園のクラスのお話の時間では、カーテンを閉めて電気を消して、ろうそくをつけて、最初にライアー（キンダーハープ）を弾きました。そうすると、子どもたちは自分からお話を聴こうという体勢になりますし、自分で耳を澄ませて聴くときは静かに座ることも自然に身につきます。体を動かさないでいるという運動能力が身に付きます。そのような子が小学校へ行ったら、先生のお話をちゃんと耳を澄ませて聴くということができるのです。その前提がそこで形成されるわけです。

小さなきれいな音という意味では、演歌歌手やオペラ歌手やロック歌手のようにではなく、本当に自然に声を響かせて歌うことが大切かと思います。アンカヴァーリング・ザ・ヴォイス[17]の歌い方は、5度の雰囲気を作る、静けさを伴った歌い方です。

井藤：一般的に、音楽というものを能動的に聴く、耳を澄ませて能動的に聴くということを普段から実践している方は多くないと思います。聞くという行為は受動的な行為だと思う人が多いと思うんですけど、そのあたり、聴くということが非常に能動的で、自分自身の力でかすかな音に耳を傾けて、それをつかみ取っていくという、そういうことを幼児期から、もっと言うと乳児期から養っていくというのは、本当にすばらしいと思います。

単に音楽的な技術を磨くためにやっているわけではなくて、世界の中に流れるかすかな音を聴き取っていくセンスを磨くことにつながっていくというところがすごく興味深いなと感じます。

吉良：先ほどのシュタイナーの人類の意識の発展の話に戻るならば、昔の人は、本当に小さな音も、とてもパワフルに感じることができたのではないかと思います。人類はそういう能力をだんだん失ってしまったから、音を拡声してどんどん大きくする必要が出てきてしまった。だから現代人は大きな音を必要としているのではないかと思います。

小さくてきれいな音に耳を澄ませてその質を本当に体験することができたらいいと思います。その小さい音の持っているエネルギーというのは実はすごくて、それを感じる感覚が現代人は麻痺してしまっているのではないでしょうか。その意味では、赤ちゃんは全身で音を感じているので、そこにうるさい音があったら、それを全部受けとってしまうわけです。特に2歳半、3歳頃の反抗期（イヤイヤ期）より前の子どもは、本当にパラダイスのような美しい音しかない、そういうところで暮らせたらいいんだろうなと思います。

9 - 音を感じる力を取り戻す

井藤：そうした感覚というのは、回復が可能だとお考えでしょうか。つまり幼児期にその感覚をきちんと鍛えていないと、大人になってからではもう遅いという話なのか。人間にはそもそもそういったかすかな音を聴き取る力というのが備わっているから、現代人はその感覚が麻痺してしまっているかもしれないけど、大人になってからもう一度その感覚を取り戻すということも可能だとお考えでしょうか。

吉良：取り戻すことは可能だと私は考えています。竹田喜代子先生がアウディオペーデでそれを実践なさっていますよね。アウディオペーデをドイツで立ち上げたラインヒルド・ブラス氏[18]がよく「耳だけで聴くんじゃなくて全身で聴くんだ」と言っていました。ブラスさんも、スウェーデン人の音楽家でシュタイナー学校のペア・アルボム先生の元で学び、彼の影響で、担任をしていたシュタイナー学校の1年生の教室から机と椅子を無くしてベンチを使い、授業に動きをたくさん取り入れやすいようにしていました。

彼女は「子どもは歩きながら足の裏で聴いているんだ」なんてことを言うわけですよ。それから、ここの頭の後ろ、それから首の辺、肩の背中の上のほうと、ここのことをドイツ語で Hörraum、「聴く空間」という言い方をして、そこで聴くんだと。現代人は強い刺激ばかりの中で生活しているので、「聴く空間」を無意識に身を守るために閉ざしてしまっている、麻痺させているのだと思います。麻痺させないと都会のうるさい中では生きていけない。けれども、「聴く空間」はいくらでも活性化させることができるということで、例えばシュタイナー幼稚園で使うような楽器だったり、アウディオペーデだと、金属のゴングだったりトライアングルだったり大きなタムタムだったり、ライアーだったり、いろんな金属の楽器を使いますけど、そういう楽器の音や響きは、「聴く空間」を活性化するための一つのきっかけになる可能性はあるのではないかと思います。

そのエッセンスがシュタイナー幼稚園やシュタイナー学校の音楽のカリキュラムの中や音楽療法の領域に入っているわけです。

井藤：大人になってからでもその感覚は取り戻すことはできるし、家庭でも静けさを意識して生活空間の中にもたらすことによって、そういった感覚は取り戻せる可能性もあるということですね。

吉良：例えば夜寝るとき、お母さんがキンダーハープを弾いてあげて、メルヘンを語ったり、子守唄を静かに歌ったり、そういった静かな儀式のようなフォルムを作って、それを毎晩、繰り返してあげる。可能だったら、ろうそくをつけてお祈りするというのもいいのではないかと思います。

今の子どもたちの昼間の生活は、やはり刺激がたくさんあって過度に覚醒させられているので、いい眠りにつくために、キンダーハープが役に立つのです。**ライアーの音はこちらの世界と向こうの世界との中間というニュアンスがあるので、**キンダーハープの音があることによって眠りの世界に行きやすいし、これは実践するのは非常に難しいですが、本当は起きたときにも弾いてあげると、向こうからこっちの世界へのちょうどつなぎ目になるかなと思います。

私は今まで何回も亡くなった方の傍らでライアーを弾く機会がありました。亡くなられてまだ火葬される前のときです。亡くなって横になっている方の横でライアーを弾き始めると、その方が明らかにまだ音を聴いていらっしゃる感じがあるのです。そのような時にライアーを演奏するということは、**これから向こうの世界に行くための一つのお手伝いをしているみたいな感じがありますし**、それによって御遺族の方たちが亡くなった方のお顔がすごく穏やかになったとおっしゃることもありました。死と眠りは似ている質を持っているので、夜寝る前に、子どもたちにお話をする、絵本を読む前に、いつもキンダーハープやグロッケンを少し弾くことは、それに似たようなことではないかと思っています。

ただ、その音がこれから眠るための合図になってしまうのはよくないです。弾く人は毎回毎回新たな気持ちでそのメロディーを弾く、その楽器を弾くのでないと、「この音が鳴ったから、お話が始まる」とか、「音が鳴ったから寝なさい」という合図になってしまいます。

井藤：そうですよね。学校のチャイムのようなものではないということですよね。

吉良：そのとおりです。もう一つこれとつながるエピソードがあります。私の知っているオランダ人の音楽療法士のモニカさんが、アントロポゾフィー系の病院で、何らかの理由で早産となった子どものための音楽療法をしたときの話を聞いたことがあります。赤ちゃんはＮＩＣＵ（新生児集中治療室）にいて、いろいろな測定機器が装着されていて、呼吸や心拍、血中のいろんなデータが全部測定されていたそうです。彼女は赤ちゃんのいる部屋へ行って、キンダーハープを使って音楽療法をするそうですが、その赤ちゃんの寝ている保育器のすぐ近くに行って赤ちゃんに聴かせようというように弾くのでは無いというのです。赤ちゃんのいる部屋に入ると、赤ちゃんの近くではなく、キンダーハープの音と彼女の歌声が部屋全体に響くように部屋の端のほうでキンダーハープを弾いて歌うそうです。するとそれによって、赤ちゃんの心拍数だったりいろんなデータがだんだん落ち着いてくるそうです。

それについてモニカさんは、「早く生まれてきた子どもは身体は地上にあるけれども精神は身体にまだほんの少ししか結びついていない。その赤ちゃんの精神、自我は、まだその部屋全体の中に漂っているので、音が広がっていくこの空間の中で、そこに広がるライアーと歌の響きを通して、その空間にいる子どもと出会っているんです」と話していました。

このような観点は多分ほかの音楽療法には出てこない、アントロポゾフィーならではのアプローチかなと思います。

井藤：面白いですよね。本当に今のお話を伺っていると、音楽のイメージそのものをパラダイムシフトさせていかなければならないと考えています。本当に目に見えない存在とつながる通路を与えてくれるものという意味合いがかなり大きいですよね。エンタメの一つとして音楽を捉えるんじゃなくて、目に見えない存在にいかにアクセスして、どうそれを自分のものに取り入れて、生き生きとした人生を送っていくかという、問題とかなり大きく深く関わっているような気がします。

吉良：その意味で、いろいろな宗教の中だと音楽は神様や精神的な世界と人間を仲介する役割を持っていて、その意味で先程の例と似ているかもしれません。

現代の学校教育の音楽教育の中で、子どもたちの音楽に対する苦手意識はとても大きいように思います。「このドとミで3度だ」とか「ドとソの関係が5度だ」といった、いわゆる楽典に関する話をした時点で、拒否反応を示す人たちがとても多いのです。

音楽の授業で人前で歌わなければいけなかったり、笛を吹かなければいけなかったりとか、そのような嫌な思いをした体験がトラウマになっていて、「人前で歌を歌うなんてとんでもない！」と言う人が出てきてしまう。音楽は好きで聴くことは楽しむけれど、意識的に自ら音楽に向き合うことには至らない人たちが多いという印象です。音楽よりも絵や粘土のほうがハードルが低いような気もします。

井藤：音楽はシュタイナー教育では周辺科目の一つではないのだということを改めて痛感します。興味深いお話をいただき、本当にありがとうございました。

Paul Klee「Stadt der Kathedralen」

第Ⅱ部：シュタイナーの音楽実践の科学的検討

シュタイナー音楽教育やアントロポゾフィー音楽療法が、熟練の演奏者や一般の聴き手にどのような影響を与えるかを、脳波測定を中心とした科学的視点から解説。

第3章　脳波測定をつうじたシュタイナー幼児教育の分析

※第Ⅱ部では、脳波測定の結果とその考察を文章で記述し、それに続いて重要なポイントを箇条書きでまとめています。また、測定結果に対応する各図表は、本書の後半にあるカラーページ（193頁から）に一括して掲載しています。

1 - 測定方法と用いた楽器

■■■ 1-1　脳波について

脳波とは、脳の神経細胞が活動する際に発生する電気的な信号です。これらの信号は脳の様々な部分で発生し、特定のリズムやパターンを持っていて、人の感情や認知の状態に応じて異なる特徴を示します。脳波は周波数によって5種類（デルタ波、シータ波、アルファ波、ベータ波、ガンマ波）に分けられます。[19] 周波数とは、1秒間に波が何回振動するかの回数を表すもので、ヘルツ（Hz）という単位で表されます。例えば、デルタ波は非常にゆっくりした波で、周波数が1～4 Hz（1秒間に1～4回振動する波）で昏睡状態のときに高まる脳波です。一方、ベータ波は周波数が13～30 Hzの速い波で、計算をしたり文章を書くなど、論理的思考をしているときに高まる脳波です。参考のため、図1

（193頁）に4 Hz（デルタ波）と20 Hz（ベータ波）の波を示しました。また、表1（208頁）に脳波の種類とその周波数や高くなる条件をまとめました。脳波の特徴を理解することで、楽器演奏が人の心や脳にどのような影響を与えるかを分析することができます。本書では、特にアルファ波、ベータ波、ガンマ波に注目します。それぞれの詳細は下記のとおりです。

・**アルファ波**：リラックスしている状態や心が落ち着いているときに高くなります。また、そのような状態で集中したり、目を閉じているときにも高くなります。[20]

・**ベータ波**：論理的思考をしているときに高まる脳波です。ベータ波は、集中力が必要な思考作業や問題解決に取り組んでいるときに高まる傾向があります。

・**ガンマ波**：最も速く振動する脳波であり、活発な活動や興奮、緊張、高揚感を感じているとき、または注意が必要な状態にあるときに高まります。[21]

なお、一般的にデルタ波は昏睡状態のときに高くなりますが、[22]目を開けて安静にしているときにも高くなることが、これまでの実験で分かっています。これは使用した脳波計が、まばたきなどの目の動きによるノイズを検出してしまうためと考えられています。[23]そのため、デルタ波は参考程度に考えます。

1-2 脳波の測定について

脳波は電極を頭皮に取り付けて記録することで測定され、そのデータは脳の活動状態を分析するのに利用されます。本研究で使用した脳波計「MUSE（InteraXon 社）」は、瞑想エクササイズ用に開発されたヘッドバンド型脳波計で（下記写真）、タブレット用アプリと連携して、脳波の状態をリアルタイムでフィードバックします。[24] 軽量でポータブルなため、日常生活での使用にも適しており、ストレスなく長時間のデータ収集が可能です。この脳波計は高精度な脳波データを記録可能で、時々刻々と変化する脳波を脳波記録アプリを用いて0.5秒ごとに記録しました。また、教育や心理療法など様々な分野で活用されており、安全性についても認証されています。

得られた脳波データより、脳波のグラフを作成しました。これらのグラフは、横軸が測定開始からの経過時間、縦軸が脳波パワーの大きさ[25]を示しています。

脳波計

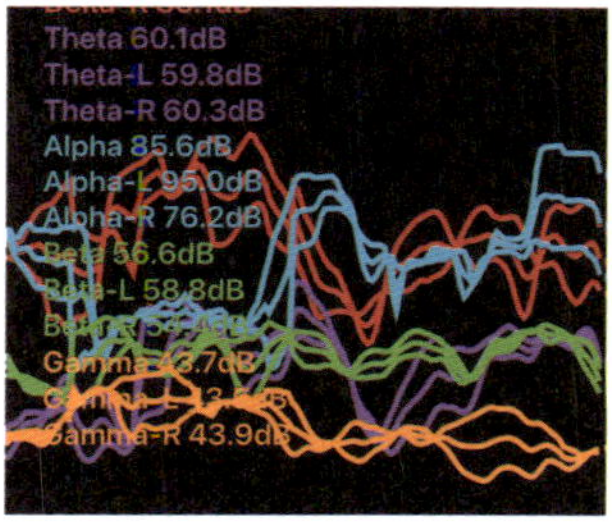

脳波記録アプリ

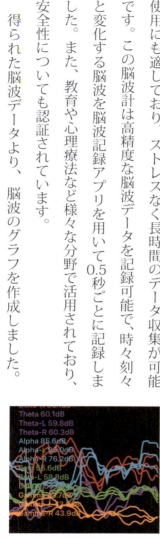

図 2. 測定環境（吉良氏）

図 3. 測定環境 (吉良氏、聴き手)

演奏の進行と脳波を対応させるために、脳波記録タブレットの画面をWebカメラで録画しました（図2）。これにより、演奏の音（メロディー）と脳波の変化を同時に記録することができます。実験は２０２０年３月７日に、吉良 創氏の幼稚園で行われました（図２）。

■■■ 1-3 楽器について

シュタイナー教育では、様々な楽器や音具が使用され、それらには独自の特徴があります。代表的なものには、ライアーやペンタトニックの笛、ムジーククーゲル（メルヘンクーゲルまたはオルゴールボールとも呼ばれる小さな金属球）などがあります。本研究の課題は、これらの楽器を演奏する際の脳波を測定し、その特徴を分析することです。

既存の文献には、楽器演奏者の脳波を測定したものがありますが、そこではシュタイナー教育で使用される楽器は対象にされておらず、脳波スペクトルの種類は限定的です（多くはアルファ波、ベータ波を対象[26][27]）。一方、本研究では、４または5種類の脳波を対象に分析を行う点が特徴です。

今回使用した楽器は、シュタイナー教育において使用される主要楽器である、様々な形状のライアー、グロッケン、コロイの笛、フィンガーシンバル、木琴、ムジーククーゲルです。

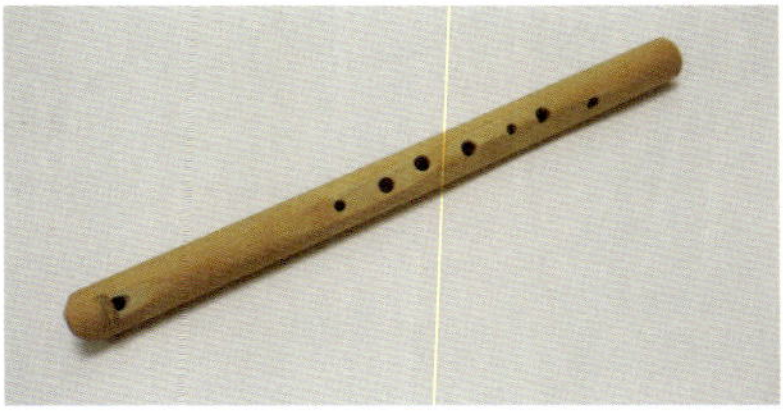

コロイの笛

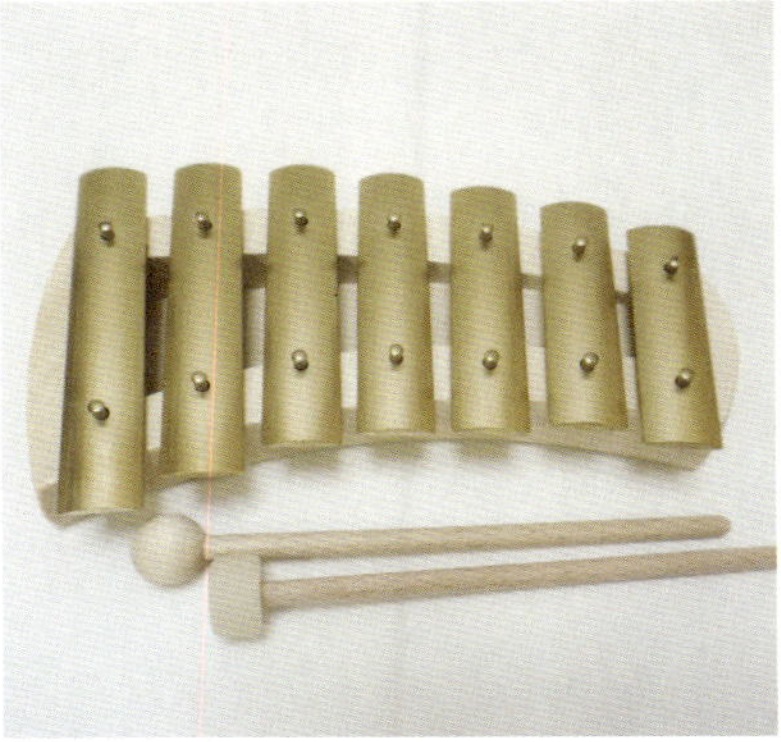

グロッケン

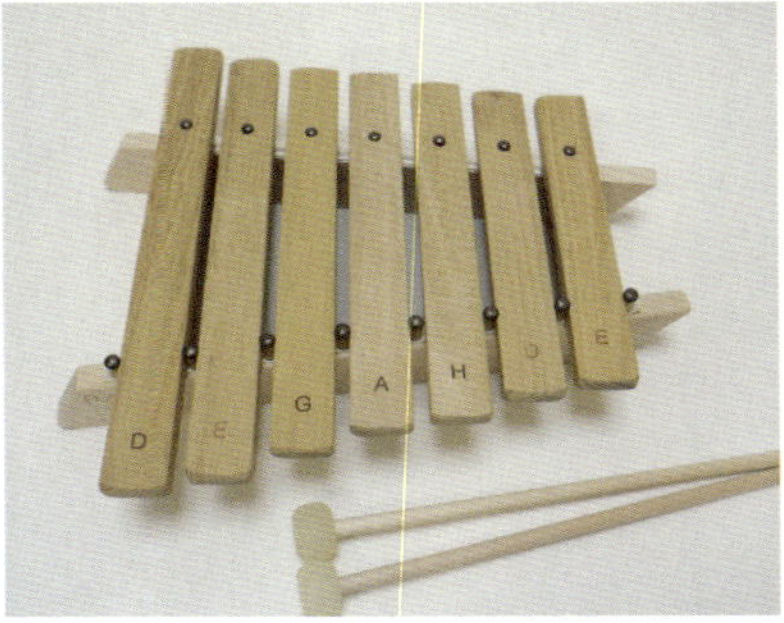

木琴

ムジーククーゲル

フィンガーシンバル

ささやきの木

QR コードから楽器の演奏を動画でご視聴いただけます。ただし、実際の響きの深みや質感を再現することはなかなか難しいため、生演奏をお聴きいただく機会があれば幸いです。

タムタム

QRコードから楽器の演奏を動画でご視聴いただけます。ただし、実際の響きの深みや質感を再現することはなかなか難しいため、生演奏をお聴きいただく機会があれば幸いです。

ゴング

QR コードから楽器の演奏を動画でご視聴いただけます。ただし、実際の響きの深みや質感を再現することはなかなか難しいため、生演奏をお聴きいただく機会があれば幸いです。

シュテーベ

QR コードから楽器の演奏を動画でご視聴いただけます。ただし、実際の響きの深みや質感を再現することはなかなか難しいため、生演奏をお聴きいただく機会があれば幸いです。

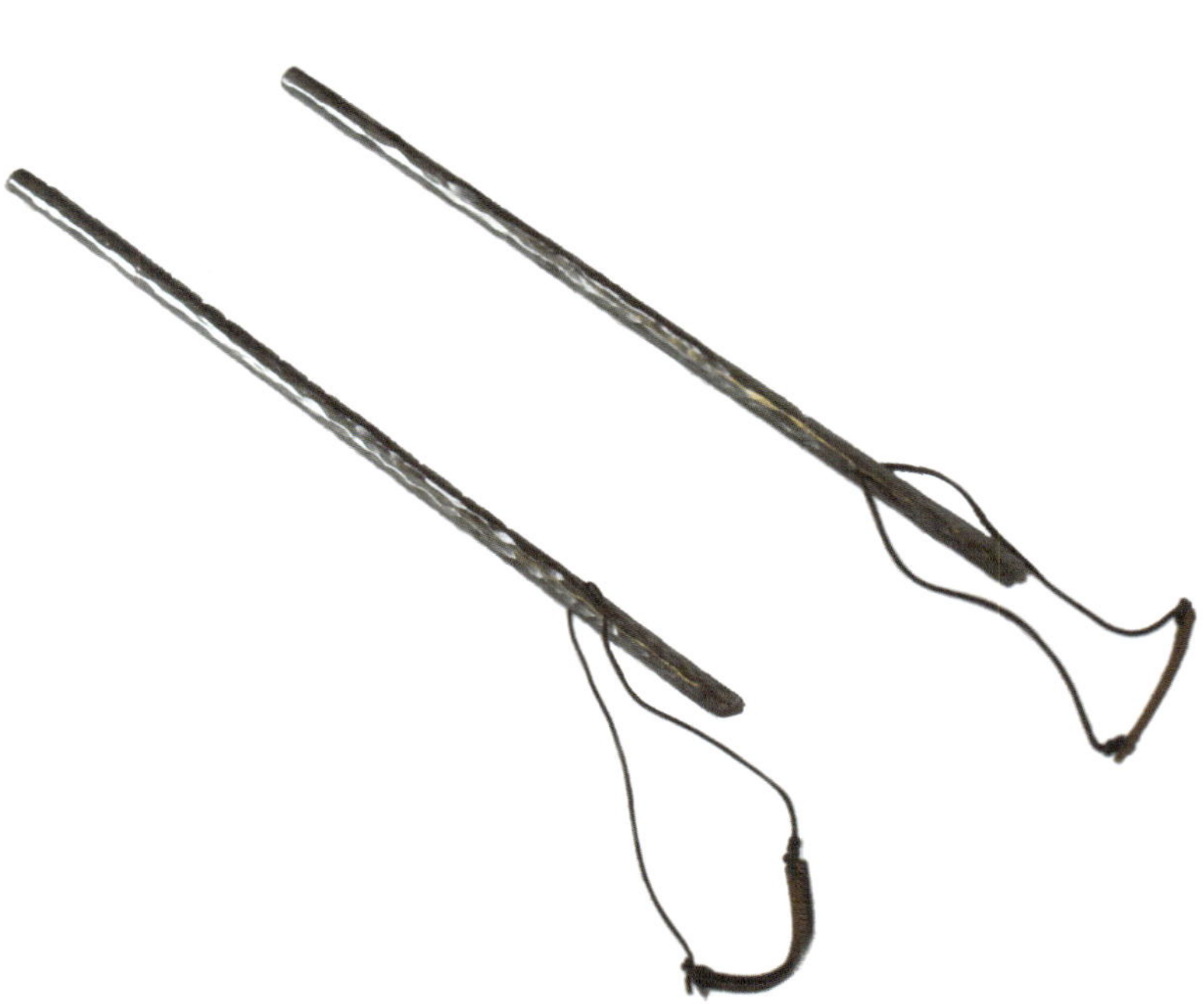

ライアー

QR コードから楽器の演奏を動画でご視聴いただけます。ただし、実際の響きの深みや質感を再現することはなかなか難しいため、生演奏をお聴きいただく機会があれば幸いです。

2-吉良 創氏の瞑想と演奏の脳波測定

■■■ 2-1 瞑想

本研究では、瞑想時の脳波を基準として、楽器演奏時の脳波を比較検証しました。瞑想時の脳波はリラックスした状態を示すアルファ波が高くなることが知られています。[28] これに対して、楽器演奏時の脳波は、論理的思考や注意力が求められるため、ベータ波やガンマ波の上昇が予想されます。

まずは瞑想時の脳波を見てみましょう（図4）。この研究での瞑想は、マインドフルネス瞑想を参考にしています。それは、「呼吸や静けさに意識を向け、今この瞬間の体験を観察すること」です。[29] 瞑想時の脳波測定は安静に座って閉眼した状態で行われ、アルファ波（落ち着きや集中を示す脳波）が高く、ガンマ波（緊張や興奮を示す脳波）が低いことが分かります。

瞑想時と音楽演奏時の脳波の比較

・本研究では、瞑想時の脳波を基準として、楽器演奏時の脳波を比較検証しました。瞑想時の脳波は、リラックスした状態を示すアルファ波が高くなることが知られています（図４）。

・楽器演奏時には、論理的思考や注意力が求められるため、ベータ波やガンマ波の上昇が予想されます（図４）。

瞑想時の脳波の特徴

・瞑想時の脳波では、アルファ波（落ち着きや集中を示す脳波）が高く、ガンマ波（緊張や興奮を示す脳波）が低いことが確認されました（図４）。

■■■ 2-2 楽器演奏（コロイの笛、ソプラノライアー、グロッケン、ムジーククーゲル）

次に、楽器演奏時の吉良氏の脳波について詳しく見てみましょう。図５に示された脳波のグラフで、ベータ波（論理的思考を示す脳波）とガンマ波（緊張や興奮を示す脳波）に注目します。楽器によってこれらの脳波の値が異なります。

具体的には、演奏する楽器の操作が複雑であればあるほど、ベータ波とガンマ波が高くなります。例えば、コロイの笛の演奏は、指の動きと呼吸の調節が必要なため、これらの脳波が最も高くなりました。次に、両手の指を使うソプラノライアーの演奏では、これらの脳波が次に高くなりました。片手首と腕を使うグロッケンの演奏では、それよりも低い値を示しました。そして、最も単純な演奏、つまり掌の上で楽器を転がすだけのムジークク一ゲルでは、ベータ波とガンマ波が最も低くなりました。

楽器を演奏する際には、音高やリズム（タイミングやテンポ）を正確に合わせる必要があります。複雑な楽器を演奏するほど、脳は論理的な思考や注意を必要とします。これは、ベータ波とガンマ波が、演奏の複雑さに応じて高まることから分かります。一方で、どの楽器を演奏しても、アルファ波のパワー（縦軸の値）はほぼ0.8 bel前後で一定であり、これは瞑想中のアルファ波の値と同じかそれ以上です。これは、楽器演奏がリラックスや集中の状態をもたらすことを意味します。特にムジーククーゲルを演奏すると、シータ波(深いリラックスを示す脳波）もアルファ波と同じレベルに上昇します。ムジーククーゲルの演奏は比較的単純なため、吉良氏はムジーククーゲルの音に集中するゆとりが生まれ、これがアルファ波とシータ波の上昇につながったと考えられます。

楽器演奏時の脳波の特徴

・図5に示される脳波のグラフでは、ベータ波（論理的思考を示す）とガンマ波（緊張や興奮を示す）に注目します。これらの脳波の値は、演奏する楽器の操作の複雑さに応じて異なります（図5）。

・操作が複雑な楽器ほど、ベータ波とガンマ波が高くなる傾向が見られます。

楽器別の脳波の違い

・コロイの笛の演奏では、指の動きと呼吸の調節が必要であるため、ベータ波とガンマ波が最も高くなりました（図5a）。

・ソプラノライアーの演奏では、両手の指を使うため、これらの脳波が次に高くなります（図5b）。

・グロッケンの演奏では、片手首と腕だけを使うため、ベータ波とガンマ波がそれよりも低い値を示します（図5c）。

・ムジーククーゲルの演奏は最も単純（掌の上で楽器を転がすだけ）であるため、ベータ波とガンマ波が最も低くなります（図5d）。

演奏の複雑さと脳波の関係

・楽器を演奏する際には、音高やリズム（タイミングやテンポ）を正確に合わせる必要があり、複雑な楽器ほど脳は論理的な思考や集中を必要とします。これは、演奏の複雑さに応じてベータ波とガンマ波が高まることから分かります（図5）。

アルファ波とシータ波の安定性

・どの楽器を演奏しても、アルファ波のパワーはほぼ0.8 bel前後で一定であり、これは瞑想中のアルファ波の値と同じかそれ以上です。これにより、音楽演奏がリラックスや集中の状態をもたらすことが示されています（図5）。

・ムジーククーゲルを演奏すると、シータ波（深いリラックスを示す脳波）もアルファ波と同じレベルに上昇します。単純な演奏で音に集中しやすいため、これがアルファ波とシータ波の上昇につながったと考えられます（図5d）。

演奏形態の違いが脳波に及ぼす影響を検証するため、コロイの笛とグロッケンで、即興と既存の曲の演奏を行いました（図5 a, c）。即興での演奏や既存の楽曲を演奏する場合、脳波の大きな変化は観察されませんでした。ただし、グロッケンを使って童謡「ぞうさん」

を演奏する場合、即興演奏に比べてガンマ波の値が低下することが分かりました。

演奏形態の違いによる脳波の影響

・コロイの笛とグロッケンを用いて、即興演奏と既存の曲の演奏を行い、脳波への影響を検証しました（図5 a, c）。
・即興演奏と既存の楽曲演奏では、脳波に大きな変化は観察されませんでした（図5 a, c）。
・しかし、グロッケンを使って童謡「ぞうさん」を演奏する場合、即興演奏に比べてガンマ波の値が低下することが確認されました（図5 c）。

異なる楽器の音色が脳波にどのような影響を与えるかを調べました。図6は、金属の明瞭な音色のグロッケンと、木製のやわらかな音色の木琴演奏時の脳波を示しています。演奏の内容について、各楽器で2つの異なるパターンがあります。一つは、小休止前に即興でメロディーを奏でること、もう一つは小休止後に特定の曲を演奏することです。後者について、グロッケンでは童謡「ぞうさん」を、木琴では「蛍の光」を演奏しました。グラフには、演奏の小休止を表す区間が赤色で示されています。また、これらのグラフは、移動平均というデータを滑らかにすることで、全体の大まかな特徴を捉える方法を使って描かれています。特に断りが無い場合、脳波のグラフは移動平均処理をしています。

図6より、グロッケンと木琴の演奏時に、ガンマ波の強度に違いがあります。グロッケン演奏時のガンマ波の平均値は0.30 belであるのに対し、木琴演奏時は0.26 belと少し低くなっています。このことから、木琴の演奏がややリラックスした状態をもたらす可能性があります。ただし、アルファ波のレベルはどちらの楽器でもほぼ同じで、これは両方の楽器演奏中も落ち着いた集中状態が維持されていることを示しています。

楽器の音色と脳波への影響

・図6では、金属の明瞭な音色を持つグロッケンと、木製の柔らかな音色を持つ木琴の演奏時の脳波が示されています（図6）。

・演奏内容には2つのパターンがあり、一つは小休止前に即興でメロディーを奏でること、もう一つは小休止後に特定の曲を演奏することです。グロッケンでは童謡「ぞうさん」を、木琴では「蛍の光」を演奏しました（図6）。

・グラフには演奏の小休止を示す区間が赤色で表示され、移動平均法を用いてデータが滑らかに描かれています（図6）。

脳波の違いと解釈

・図6から、グロッケンと木琴の演奏時におけるガンマ波の強度に違いが見られます。グロッケン演奏時のガンマ波の平均値は0.30 belであるのに対し、木琴演奏時は0.26 belと少し低くなっています（図6）。

・この結果から、木琴の演奏がグロッケンに比べてややリラックスした状態をもたらす可能性があります（図6）。

・ただし、アルファ波のレベルは両方の楽器演奏時でほぼ同じであり、演奏中も落ち着いた集中状態が維持されていることを示しています（図6）。

次に、音階のない打楽器であるフィンガーシンバルを演奏している時の脳波を、図7に示します。フィンガーシンバルを鳴らすタイミングは、図中のシンボル（◆）付きの縦線で示され、音を鳴らす直前にベータ波とガンマ波が上昇することが確認できます。フィンガーシンバルの演奏は単純な動作ですが、ベータ波とガンマ波が高いことから、鳴らすタイミングを注意深く探っていることが分かります。これらの脳波の上昇は、音を聴くことによる反応だけでなく、鳴らすタイミングを意識した瞬間（鳴らす直前）にも起こります。これは、吉良氏の内部的な意識が脳波の変化に影響を与えている可能性を示唆しています。図7（a）の0.5分以降は演奏がなく、余韻に集中している状態が示されています。

さらに、0.6分以降では、シータ波が上昇し、その後も高いレベルを維持しています。これは、吉良氏が演奏を止めて余韻に耳を傾けているときに、ほぼ全ての意識をその状態に集中していることを示しています。このことから、聴く人も同様にリラックスした脳波の状態になる可能性が示唆されます。また、フィンガーシンバルの音色には、心を落ち着かせる効果があることも示唆されました。フィンガーシンバルとムジーククーゲルの主な違いは、フィンガーシンバルの演奏が鳴らすタイミングを考えるために論理的思考や注意を必要とし、発せられる音色が単音であることです。

フィンガーシンバル演奏時の脳波の変化

・図7に示されるように、フィンガーシンバルを鳴らすタイミング（◆付きの縦線で示される）で、音を鳴らす直前にベータ波とガンマ波が上昇します（図7）。

・フィンガーシンバルの演奏は単純な動作ですが、ベータ波とガンマ波が高いことから、吉良氏が次に鳴らすタイミングを注意深く探っていることがわかります（図7）。

脳波の上昇要因

・ベータ波とガンマ波の上昇は、音を聴くことによる反応だけでなく、鳴らすタイミングを意識した瞬間（鳴らす直前）にも起こることから、吉良氏の内部的な意識が脳波の変化に影響を与えている可能性があります（図7）。

演奏後の脳波の状態

・図7（a）で0.5分以降、演奏がなくなると、シータ波が上昇し、その後も高いレベルを維持します。これは、吉良氏が演奏を止めて余韻に耳を傾けている際、その音に集中していることを示します（図7）。

フィンガーシンバルの音色の効果

・フィンガーシンバルの音色には、心を落ち着かせる効果がある可能性があります（図7）。

・フィンガーシンバルとムジーククーゲルの主な違いは、フィンガーシンバルの演奏が鳴らすタイミングを考えるために論理的思考や注意を必要とし、発せられる音色が単音である点です（図7）。

次にアルトライアーで、あまり複雑でない演奏法であるグリッサンド奏法（隣り合う弦を連続的に低音から高音に向かって素早く鳴らす奏法）を行い、その演奏中の脳波を図8に示しました。図中のシンボル（◆）付きの縦線はグリッサンドが行われたタイミングを示しています。

図8のデータから、グリッサンド演奏時および演奏を止めた後の脳波は、上位から順にシータ波、アルファ波、ベータ波、ガンマ波であったことが分かります。演奏を止めた0.42分以降は音を聴くことに集中できるため、聴き手としての脳波を反映していると考えられます。この時、シータ波が高く、ガンマ波が低いことが特徴です。吉良氏は演奏中も含めて、音色のハーモニーに心地よさと深い安らぎを感じていたと考えられます。これまでの研究（フォルメン線描、ぬらし絵、オイリュトミー）の中でも、シータ波が単独で上位を維持するのは初めてのケースであり、特定の音や演奏が深いリラクゼーションを感じさせる効果があることが示唆されました。これは、ムジーククーゲルやフィンガーシンバルでも同様にシータ波が高くなったことからも裏付けられます。

グリッサンド演奏時および演奏後の脳波の特徴

・グリッサンド演奏時および演奏を止めた後の脳波は、上位から順にシータ波、アルファ波、ベータ波、ガンマ波の順で観察されました（図8）。

・演奏を止めた0.42分以降、音を聴くことに集中する状態が反映され、特にシータ波が大きく、ガンマ波が小さいことが特徴です（図8）。

リラクゼーション効果の示唆

・吉良氏は演奏中も音色のハーモニーに心地よさと深い安らぎを感じていたと考えられます（図8）。

・シータ波が単独で上位を維持したのは今回が初めてで、特定の音や演奏が深いリラクゼーション効果をもたらすことが示唆されました（図8）。

・この現象は、ムジーククーゲルやフィンガーシンバルの演奏でも同様にシータ波が高くなったことからも裏付けられます（図8）。

3 - 吉良 創氏と聴き手の脳波、血圧、心拍数測定

本節では、前節の研究「シュタイナー教育における楽器演奏時の脳波の分析」を基に、演奏者だけでなく聴き手の脳波も同時に測定し比較検討します。演奏者は吉良 創氏であり、聴き手は音楽の専門的な訓練やシュタイナー教育を受けたことのない20代の女性理系大学院生です。また、脳波以外の生理指標として血圧と心拍数も測定されました。この実験では、シュタイナー教育で用いられる主要楽器（様々な形状のライアー、グロッケン、フィンガーシンバル、ペンタトニックのコロイの笛、ムジーククーゲル、）を使用しました。実験は２０２１年8月17日に、吉良氏の所属する幼稚園で行われました。脳波は、吉良氏と聴き手は、「本章　1-2 脳波の測定について」と同様な方法で測定されました（図3、図9）。

■■■ 3-1　瞑想時の吉良氏と聴き手の脳波

瞑想時の吉良氏と聴き手の脳波測定は、「本章　2-1 瞑想」と同じ方法で行われました。両者の脳波は、アルファ波（落ち着きと集中）が高く、ガンマ波（緊張や興奮）が低いこ

とがわかりました（図10）。このデータは、後に楽器演奏時の脳波を分析する際の基準となります。

瞑想時の脳波の特徴

・両者の脳波では、アルファ波（落ち着きと集中）が高く、ガンマ波（緊張や興奮）が低いことが確認されました（図10）。

・瞑想時の脳波データは、後に楽器演奏時の脳波を分析する際の基準として使用されます（図10）。

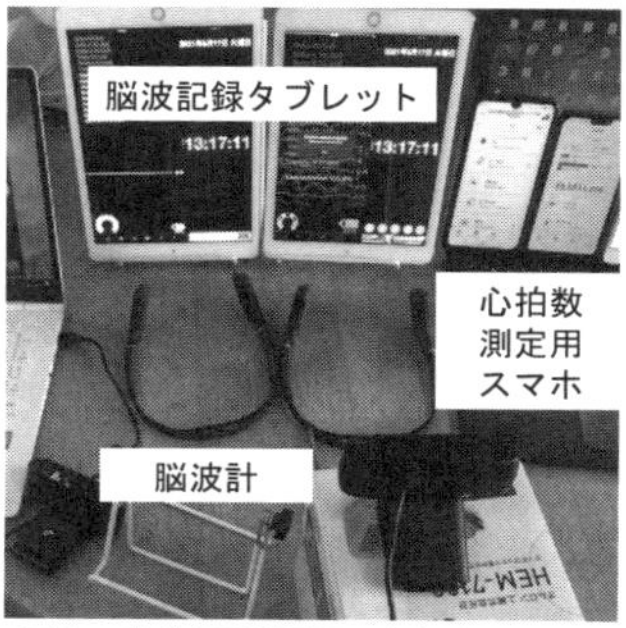

図9. 生体信号計測器(吉良氏、聴き手)

■■■ 3-2 ライアー

ライアー演奏時の吉良氏と聴き手の脳波を分析しました。技巧的で難しい曲（図11）と比較的簡単な曲（図12）が演奏されたときの脳波が示されています。

図11（aとc）ライアー1：「眠りの音楽　いばら姫」（作曲：アロイス・キュンストラー）難しい曲
図11（bとd）ライアー2：「チェロ組曲1番アルマンド」（作曲：J・S・バッハ）難しい曲
図12（aとc）ライアー3：「わたしの天使」（アロイス・キュンストラー作曲）やさしい曲
図12（bとd）ライアー4：「まんまるおつきさま」（吉良創 作曲）やさしい曲

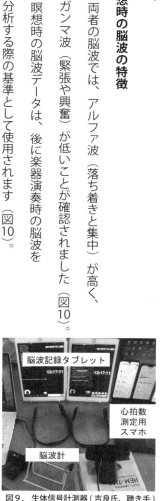

■ 3-2-1 技巧的な曲

図11は技巧的で難易度の高い曲を演奏中の演奏者の脳波を示しており、以下のような特徴が観察されました。

図11（a）と（b）から、アルファ波とベータ波が同じくらい高く、続いてガンマ波とシータ波が確認できます。これは、瞑想しているときの脳波（図10 a）と比べて、ベータ波とガンマ波が上昇していることを示しています。参考データのデルタ波を除くと、アルファ波が演奏のほぼ全ての間で最も高いことから、吉良氏は落ち着いて集中している状態だと言えます。また、瞑想時に比べてベータ波とガンマ波が上昇したことは、論理的な思考と集中力が強く働いていることを意味します。

吉良氏自身も、「難しいメロディーをライアーで演奏するときは、慣れていても完全に無意識で演奏することはできない」と述べています。これは、慣れによる落ち着きに加え、演奏のための論理的な思考や緊張感、注意力が求められるからです。

次に、ライアー演奏時の聴き手の脳波について考えてみましょう。図11（c）と（d）を見ると、どちらもアルファ波が最も高くなっています。これにより、聴き手は落着いていて、かつ演奏を聴くことに集中している状態だと考えられます。

しかし、図11（c）ではガンマ波がベータ波と同じレベルであり、図11（d）ではガンマ波が最も低くなっている点が異なっています。この違いは、演奏された曲の曲調が聴き手の感情に影響を与えた可能性を示しています。

図11（c）の曲は暗く悲しい曲調で、聴き手は「メロディーを聴きながら、暗い森に怪物が潜んでいるような情景を思い浮かべていた。ライアーの音色は美しいが、リラックスできるような感じはしなかった」と述べています。このため、聴き手の中で緊張感や警戒心が働き、ガンマ波が上昇したと考えられます。

一方で、図11（d）の曲は、聴き手が「星が輝く夜空が明けていく情景がイメージされ、安心して聴けた」と述べています。これにより、聴き手はリラックスした状態で聴いていたと考えられます。実際に、図11（d）は瞑想時の脳波（図3b）に似た脳波となっています。また、瞑想時の脳波と比べて、ライアーの演奏は聴き手をより早く落ち着いた状態にすることが示唆されています（ただし、演奏される曲の内容にも依存します）。

吉良氏の脳波の特徴

・図11（a）と（b）では、アルファ波とベータ波が同じくらい高く、次にガンマ波、シータ波の順で確認されています。これは、瞑想時の脳波（図10a）と比較して、ベータ波とガンマ波が上昇していることを示しています。

・アルファ波が最も高いことから、吉良氏が落ち着いて集中している状態であることがわかります。また、ベータ波とガンマ波の上昇は、演奏中に論理的な思考と集中力が強く働いていることを示唆しています（図11 a, b）。

演奏時の脳波と吉良氏の意識

・吉良氏自身も、「難しいメロディーをライアーで演奏するときは、完全に無意識で演奏することはできない」と述べており、演奏中には音の高さやリズムを正確に合わせる必要があるため、論理的な思考や緊張感、注意力が求められることを示しています（図11 a, b）。

・脳波データもこれを裏付けており、ベータ波とガンマ波が優位になっていることが確認されます（図11 a, b）。

聴き手の脳波の特徴

・図11（c）と（d）では、どちらもアルファ波が最も高く、聴き手が落ち着いて演奏に集中している状態であることを示しています（図11 c,d）。

・しかし、図11（c）よりも図11（d）の方が、ガンマ波が低くなっている点で違いがあります（図11 c,d）。

聴き手の感情と脳波について

・図11（c）の曲は暗く悲しい曲調で、聴き手は「リラックスできるような音楽とは感じなかった」と述べています。そのため、緊張感や警戒心が働き、ガンマ波が上昇したと考えられます（図11 c）。

・一方、図11（d）の曲は、聴き手が「星が輝く夜空が明けていく様子をイメージして、安心して聴けた」と述べていることから、リラックスした状態で聴いていたため、ガンマ波が最も低くなり、瞑想時の脳波（図10 b）に似た状態になったことが示されています（図11 d）。

瞑想時の脳波との比較

・ライアーの演奏は、瞑想時の脳波と比べて、聴き手をより早く落ち着いた状態にする可能性が示唆されています。ただし、これは演奏される曲の内容にも依存します（図11 c,d）。

これらの結果から、ライアーの演奏は、吉良氏にとっては論理的思考と緊張、注意の意識を要するが、聴き手には曲調によって異なる反応をもたらすことが示唆されます。特に、聴き手の場合、ライアーの演奏は瞑想と似たような落ち着いた状態をもたらす可能性がありますが、曲調によっては異なる感情的反応が引き起こされることも明らかになりました。

■ 3-2-2 比較的簡単で穏やかな曲

図12は、比較的簡単で穏やかな曲[30]を演奏中の脳波を示しており、以下のような特徴が観察されました。

まず、吉良氏の脳波についてです。図12（a）と（b）を見ると、ベータ波とガンマ波が前節で見た難しい曲を演奏しているときの脳波（図11 a, b）と比べて低くなっています。これは、ベータ波とガンマ波の強さが演奏する曲の難易度に比例することを示唆しています。つまり、曲が難しいほど、吉良氏はより多くの論理的思考や集中力を働かせるため、ベータ波とガンマ波が高くなるということです。

図12（b）では、吉良氏がオリジナル曲「まんまるおつきさま」（楽譜　を参照）を演奏しているときの脳波が示されています。この場合、アルファ波とシータ波がほぼ同じレベルで高くなり、ベータ波とガンマ波からはっきりと分かれてい

ます。これは、吉良氏がリラックスしながらも集中している状態を反映しており、後に紹介するライアーのグリッサンド演奏時の脳波（図13ａ）と似ていることが確認されています。

次に、聴き手の脳波について考えます。聴き手の場合、ほぼすべての時間帯でアルファ波が最も高く、ガンマ波が最も低くなっていました。これは、図11（ｄ）と同様に、聴き手が落ち着いて演奏に集中していたことを示しています。また、簡単で穏やかな曲の演奏（図12）では、吉良氏と聴き手の両方で5種類の脳波スペクトル全てが、難しい曲の演奏（図11）と比べて滑らかであることが分かります。これは、テンポが速く、メロディが目まぐるしく移り変わるような曲、つまりテンポが脳波の形状に影響を与えることを示唆しています。テンポが速いと、脳波に起伏が多くなり、逆にテンポが遅いと脳波は滑らかになりました。

吉良氏の脳波の変化

・図12（a）と（b）では、ベータ波とガンマ波が難しい曲を演奏しているときの脳波（図11 a, b）と比べて低くなっており、これらの脳波の大きさが演奏する曲の難易度に比例することが示唆されています（図12 a, b）。

・曲が難しいほど、吉良氏はより多くの論理的思考や集中力を働かせ、その結果、ベータ波とガンマ波が高くなることが分かります（図12 a, b）。

オリジナル曲演奏時の脳波

・図12（b）では、吉良氏がオリジナル曲「まんまるおつきさま」を演奏しているときの脳波が示されており、アルファ波とシータ波がほぼ同じレベルで高く、ベータ波とガンマ波からはっきりと分かれています（図12 b）。

・これは、吉良氏がリラックスしながらも集中している状態を反映しており、後に紹介するライアーのグリッサンド演奏時の脳波（図13 a）と似ています（図12 b、図13 a）。

聴き手の脳波の特徴

・ほぼすべての時間帯でアルファ波が最も高く、ガンマ波が最も低くなっており、これは聴き手が落ち着いて演奏に集中していたことを示しています（図12 d）。

簡単な曲と難しい曲の比較

・簡単で穏やかな曲の演奏（図12）では、吉良氏と聴き手の両方で5種類の脳波スペクトル全てが、難しい曲の演奏（図11）と比べて滑らかです（図11、図12）。

・これは、テンポが速く、メロディが目まぐるしく移り変わるような曲、すなわちテンポが脳波の形状に影響を与えることを示唆しています。テンポが速いと脳波に起伏が多くなり、テンポが遅いと脳波は滑らかになります（図11、図12）。

このように、ライアーの演奏は、吉良氏にとっては曲の難易度に応じて脳波パターンが変化するという特徴があります。一方で、聴き手は演奏に集中し、落ち着いた状態が維持されることが明らかになりました。実際に、曲のテンポや調が脳の活動状態に影響を与えることが先行研究で明らかになっています。[31][32]

■ 3-2-3 グリッサンド

図13は、ライアーのグリッサンド演奏時の脳波を示しています。グリッサンドは、隣り合う弦を連続的に低音から高音に向かって素早く弾く奏法です。この測定は短時間で行われたため、通常のようにデータを平滑化する隣接平均処理はせず、取得されたデータをそのままグラフ化しています。

図13（a）を見ると、吉良氏の脳波ではアルファ波とシータ波がほぼ同じレベル

で高く、ベータ波とガンマ波からはっきりと分かれていることがわかります。この結果から、グリッサンド演奏が比較的簡単な演奏であることと、その和音が吉良氏に深い安らぎをもたらしていることが示唆されます。

また、先に見た吉良氏がオリジナル曲を演奏しているときの脳波（図12ｂ）も、グリッサンド演奏時の脳波（図13ａ）に似ていることが確認されています。これにより、自分が作曲した親しみのある曲を演奏する際には、グリッサンド演奏時と同じような深い心地よさや安らぎを感じている可能性が示されています。

一方、聴き手の脳波については、アルファ波、ベータ波、ガンマ波がほぼ同じレベルであり、演奏中にほとんど変化せず安定していました。これは前例のない脳波パターンであり、さらなる研究が必要です。

ライアーのグリッサンド演奏時の脳波

・図13は、ライアーのグリッサンド演奏時の脳波を示しています。グリッサンドは、隣り合う弦を連続的に低音から高音に向かって素早く弾く奏法です（図13）。

吉良氏の脳波の特徴

・吉良氏の脳波ではアルファ波とシータ波がほぼ同じレベルで高く、ベータ波とガンマ波からはっきりと分かれています（図13ａ）。

・この結果から、グリッサンド演奏が比較的簡単な技術であり、その和音が吉良氏に深い安らぎをもたらしていることが示唆されます（図13ａ）。

オリジナル曲演奏時との類似性

・図12（ｂ）に示される吉良氏のオリジナル曲演奏時の脳波も、グリッサンド演奏時の脳波（図13ａ）に似ていることが確認されています。

・これにより、自分が作曲した親しみのある曲を演奏する際、グリッサンド演奏時と同様に深い心地よさや安らぎを感じている可能性が示されています（図12ｂ、図13ａ）。

聴き手の脳波の特徴

・聴き手の脳波では、アルファ波、ベータ波、ガンマ波がほぼ同じレベルであり、演奏中にほとんど変化せず安定していることがわかります。これは前例のない脳波パターンであり、さらなる研究が必要です（図13）。

■■■ 3-3　打楽器（グロッケン、木琴、フィンガーシンバル）、ムジーククーゲル

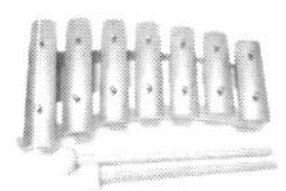

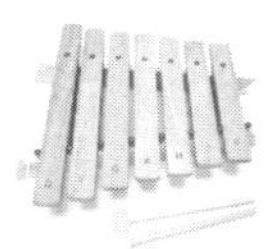

次に、音階のある打楽器として、グロッケンと木琴の演奏時の脳波を比較分析しました。図14（a）と（b）には、グロッケンを演奏しているときの吉良氏の脳波が示されています。グロッケンの演奏中は、アルファ波が低く、ベータ波とガンマ波が高くなっています。これに対して、木琴を演奏しているときの脳波は、アルファ波が高く、ベータ波とガンマ波が低い傾向にあります。これは、グロッケンの金属音が注意や緊張を引き起こしやすいことによるものと考えられます。

一方、聴き手の脳波は演奏者とは異なりました（図14 c, d）。まず、聴き手の脳波はグロッケン、木琴のどちらの演奏においても同様な傾向を示し、アルファ波が最も高く、ガンマ波が最も低いということが特徴です。また、ベータ波も低いことから、論理的思考をせず、落ち着いて演奏を聴くことに集中していたと考えられます。また、これらの脳波は、瞑想時の脳波と類似しています（図10 b）。なお、木琴の演奏中はシータ波がベータ波よ

りも高くなっており、より落ち着いた状態であったことがわかります。

聴き手のコメントによれば、「グロッケンの音は人がステップを踏んでいる感じがし、木琴の音は動物が寝ているような感じがした」とのことです。このコメントからも、木琴は安らぎをもたらしていることがうかがえます。

また、グロッケンと木琴で演奏された曲は、曲調、テンポ、難易度が同程度のものでしたが、木琴の演奏中の脳波の形状は、両者共にグロッケンよりも滑らかでした。脳波の形状の滑らかさは、その時の感情や感覚の安定性を示していると考えられます。脳波が滑らかで平坦であればあるほど、その時の感情や感覚の変動が少ないことを示唆しています。

さらに、木琴の即興演奏はメロディーの移り変わりやテンポが速かったにもかかわらず、脳波の形状はライアーやグロッケンよりも安定していました。これは、木琴の持つ独特の音色によるものと考えられます。木琴の音色は柔らかく軽やかで残響が少ないため、聴く人に落ち着きと安定感を与えるのかもしれません。

グロッケンと木琴演奏時の吉良氏の脳波

・グロッケンを演奏しているときの吉良氏の脳波では、アルファ波が低く、ベータ波とガンマ波が高くなっています。これは、グロッケンの金属音が注意や緊張を引き起こしやすいことを示しています（図14 a, b）。

・一方、木琴を演奏しているときの脳波では、アルファ波が高く、ベータ波とガンマ波が低い傾向にあります。これにより、木琴の音色がリラックス感をもたらすことが示唆されました（図14 a, b）。

聴き手の脳波の特徴

・聴き手の脳波は、グロッケン、木琴のどちらの演奏においても、アルファ波が高く、ガンマ波とベータ波が低い傾向を示しました（図14 c, d）。

・これより、論理的思考をせず落ち着いて演奏に集中していたと考えられます。また、これらの脳波（図14 c, d）は瞑想時の脳波（図10 b）に類似します。

・また、木琴の演奏中はシータ波がベータ波よりも高くなっており、聴き手がより落ち着いた状態にあったことがわかります（図14 c, d）。

聴き手のコメントと脳波の解釈

・「グロッケンの音は人がステップを踏んでいる感じがし、木琴の音は動物が寝ているような感じがした」と述べています。このコメントからも、木琴は安らぎをもたらしていることがうかがえます（図14 c, d）。

曲のテンポと脳波の形状の関係

・グロッケンと木琴で演奏された曲は、曲調、テンポ、難易度が同程度でしたが、木琴の演奏中の脳波の形状は、両者共にグロッケンよりも滑らかでした（図14）。

・脳波の形状の滑らかさは、感情や感覚の安定性を示しており、脳波が滑らかで平坦であればあるほど、その時の感情や感覚の変動が少ないことを示唆しています（図14）。

木琴の即興演奏と脳波の安定性

・木琴の即興演奏はメロディーの移り変わりやテンポが速かったにもかかわらず、脳波の形状はライアーやグロッケンよりも安定していました（図14）。

・これは、木琴の音色が柔らかく軽やかで残響が少ないため、聴く人に落ち着きと安定感を与える可能性があります（図14）。

これらの結果から、グロッケンと木琴の演奏が吉良氏と聴き手の脳波に異なる影響を与えていることが明らかになりました。グロッケンはより注意を引きつけ、緊張をもたらす一方で、木琴は落ち着いた状態を促し、感情や感覚の変動が少ない状態を作り出しているようです。また、楽器固有の音色が脳波の形状に影響を与えることが示されています。

図15では、音階のない打楽器であるフィンガーシンバルとムジーククーゲルの演奏時の脳波を示しました。

まず、フィンガーシンバルについて見てみましょう。フィンガーシンバルを叩いている間（演奏開始から◆（0.45分）まで）、吉良氏の脳波ではベータ波が高く、その次にガンマ波が続いています。これは、フィンガーシンバルを鳴らすタイミングを見極めるために、吉良氏が論理的な思考や注意を働かせていたことを示しています。

◆（0.45分）の直前、最後にフィンガーシンバルを鳴らした瞬間からは、アルファ波とシータ波がベータ波よりも高くなり、◆以降（余韻を聴いている状態）ではアルファ波がシータ波よりも高くなりました。これにより、吉良氏の注意が演奏から音の余韻に移り、リラックスし落ち着いた状態に入ったことが示されています。

聴き手の脳波を見てみると、アルファ波が最も高く、ガンマ波が最も低い状態を維持していました。これから、聴き手はリラックスして音に集中していたことがわかります。◆以前の0～0.25分の間にデルタ波とシータ波が低下し、0.4分（◆）までほぼ一定の値を保っていましたが、◆直後から演奏終了までの間に、特にデルタ波が有意に上昇しました。

フィンガーシンバル演奏時の吉良氏の脳波

・フィンガーシンバルを叩いている間（演奏開始から◆（0.45分）まで）、吉良氏の脳波ではベータ波が高く、次いでガンマ波が続いています。これは、フィンガーシンバルを鳴らすタイミングを見極めるために、吉良氏が論理的な思考や注意を働かせていたことを示しています。

・◆（0.45分）の直前に最後にフィンガーシンバルを叩いた瞬間から、アルファ波とシータ波がベータ波よりも高くなり、◆以降（余韻を聴いている状態）ではアルファ波がシータ波よりも優位になりました。

・これにより、吉良氏の注意が演奏から音の余韻に移り、リラックスし落ち着いた状態に入ったことが示されています。

聴き手の脳波の特徴

・聴き手の脳波では、アルファ波が最も高く、ガンマ波が最も低い状態を維持していました。これから、聴き手がリラックスして音に集中していたことがわかります。

・◆以前の0～0.25分の間にデルタ波とシータ波が低下し、0.4分（◆）までほぼ一定の値を保っていましたが、◆直後から演奏終了までの間に、特にデルタ波が有意に上昇しました。

次にムジーククーゲルについて見ていきます。ここでは、「本章 2-2 楽器演奏」で扱ったムジーククーゲルより小さいサイズのものを「クーゲル（小）」とし、「本章 2-2 楽器演奏」のものと同じサイズのものを「クーゲル」と呼びます。

吉良氏の脳波を見ると、ムジーククーゲルの種類に関係なくシータ波がアルファ波よりも高く、ガンマ波が最も低い状態を示しています（図15 a）。これは、ムジーククーゲルの演奏がフィンガーシンバルに比べて、よりリラックスした状態をもたらすことを示しています。ムジーククーゲルの演奏は、掌の上で自由に転がすだけであり、フィンガーシンバルのように鳴らすタイミングを見極める必要がないため、演奏に集中する割合が少なく、音を聴くことに集中していたと考えられます。ただし、演奏終了が近づくと、ベータ波とガンマ波が上昇し、シータ波とアルファ波が低下する傾向が見られました。これは、演奏を終えるタイミングを見極めていたためと考えられます。

「クーゲル（小）」と比較して「クーゲル」の方が音が大きく、ガンマ波が低いことがわかりました。これに対し、他の脳波はほぼ同じレベルにありました。このことから、大きな音は緊張や注意の意識を抑える効果があると示唆されます。

聴き手の脳波では、アルファ波が概ね最上位で、ガンマ波が最下位を維持していました（図15、b）。これにより、聴き手が落ち着いて演奏に集中していたことがわかります。特に「クーゲル（小）」の場合、時間の経過とともにシータ波が上昇しており、聴き手が次第に深いリラックス状態に入っていったと考えられます。

不思議なことに、聴き手のデルタ波は、吉良氏のベータ波とガンマ波に似た形状をしていました。ムジーククーゲルにはメロディーがなく、吉良氏が任意で演奏を終了させるため、聴き手が演奏終了のタイミングを予測することが難しいです。これが必然的な現象であるかについては、さらなる検証が必要です。

ムジーククーゲル演奏時の吉良氏の脳波

・ムジーククーゲルの種類に関係なくシータ波がアルファ波よりも高く、ガンマ波が最も低い状態を示しています（図15 a）。

・これは、ムジーククーゲルの演奏がフィンガーシンバルに比べて、よりリラックスした状態をもたらしていることを示しています。ムジーククーゲルの演奏は、フィンガーシンバルのように鳴らすタイミングを見極める必要がないため、音を聴くことにより集中していたと考えられます（図15ａ）。

・演奏終了が近づくと、ベータ波とガンマ波が上昇し、シータ波とアルファ波が低下する傾向が見られました。これは、吉良氏が演奏を終えるタイミングを見極めていたためと考えられます（図15ａ）。

「クーゲル（小）」と「クーゲル」の比較

・「クーゲル（小）」より「クーゲル」の方が音が大きく、ガンマ波が低いことがわかりました（図15ａ）。

・他の脳波はほぼ同じレベルにあり、大きな音が緊張や注意の意識を抑える効果があることが示唆されます（図15ａ）。

聴き手の脳波の特徴

・アルファ波が概ね最上位で、ガンマ波が最下位を維持していました。これにより、聴き手が落ち着いて演奏に集中していたことがわかります（図15ｂ）。

・特に「クーゲル（小）」の場合、時間の経過とともにシータ波が上昇しており、聴き手が次第に深いリラックス状態に入っていたと考えられます（図15 b）。

聴き手のデルタ波と吉良氏の脳波の類似性

・聴き手のデルタ波は、吉良氏のベータ波とガンマ波に似た形状をしていました（図15 b）。
・聴き手は演奏の終了タイミングを予測することが難しく、このような脳波の形状の類似が見られるは不思議です。

これらの結果から、フィンガーシンバルとムジーククーゲルの演奏は吉良氏と聴き手の脳波に異なる影響を与えていることが明らかになりました。フィンガーシンバル演奏は鳴らすタイミングを見極めるための論理的思考や注意が求められ、ムジーククーゲル演奏は深い安らぎをもたらす特徴があります。

■■■ 3-4　コロイの笛

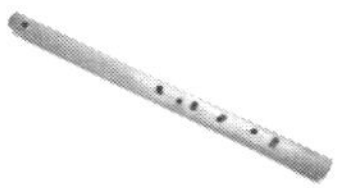

図16で示されるコロイの笛演奏時の脳波についての分析において、吉良氏と聴き手の脳波の特徴は以下のようにまとめられます。

図16（a）では、コロイの笛演奏時の吉良氏の脳波が示されています。演奏の前半（0～0.4分）では、祭り囃子のような和風の曲調で、トリル奏法（主音と隣接音を素早く交互に繰り返す奏法）やテンポの変化が特徴的な即興が演奏されました。この間、吉良氏の脳波はベータ波が高く、続いてガンマ波が高くなっており、両方とも次第に上昇していきます。後半（0.4分以降）では「おひさまのうた」（アロイス・キュンストラー作曲）が演奏されました。この曲は同じようなメロディーとテンポの旋律が繰り返され、ガンマ波がベータ波よりも高くなりました。この変化は、演奏の前半では吉良氏が自由に音階や息継ぎのタイミングを決めることができたため、脳がリラックスしながらも適度に集中していたことを示しています。しかし、後半になると、決まったメロディーを演奏する必要があったため、論理的思考や注意の意識が高まり、ガンマ波が優位になったと考えられます。さらに0.4分以降では、コロイの笛の演奏では、ベータ波とガンマ波がデルタ波よりも高くなりました。これは、コロイの笛の演奏が指の動きに加え、呼吸の制御も必要とするため、他の楽器に比べて論理的思考や注意の意識がより高まるためです。後半では、メロディーが決まっていて自由度が低いために、さらにガンマ波とベータ波が上昇したと考えられます。

コロイの笛演奏時の吉良氏の脳波

・演奏の前半（0～0.4分）では、祭り囃子のような和風の曲調で、トリル奏法（素早い音階の変化）やテンポの変化が特徴的な即興が演奏されました（図16ａ）。

・この間、吉良氏の脳波はベータ波が高く、続いてガンマ波が高くなっており、両方とも次第に上昇しています（図16ａ）。

・この変化は、演奏の前半では吉良氏が自由に音階や息継ぎのタイミングを決めることができ、脳がリラックスしながらも適度に集中していたことを示しています。

・後半（0.4分以降）では、、ガンマ波がベータ波よりも高くなりました（図16ａ）。これは、決まったメロディーを演奏する必要があったため、論理的思考や注意の意識が高まり、ガンマ波が優位になったと考えられます（図16ａ）。

ベータ波とガンマ波の大きな上昇

・コロイの笛の演奏では、ベータ波とガンマ波がデルタ波よりも高くなりました（図16ａ）。

・これは、コロイの笛の演奏が指の動きに加え、呼吸の制御も必要とするため、他の楽器に比べて論理的思考や注意の意識がより高まることを示しています（図16ａ）。

次に、コロイの笛の演奏を聴いている聴き手の脳波を見てみましょう（図16 b）。前半の即興演奏では、デルタ波とアルファ波がほぼ同レベルで最も高く、ガンマ波が最も低い状態を示しています。これは、聴き手が意識の焦点がはっきりと定まらない、夢見心地のような状態にあったことを示唆しています。

一方、即興演奏の後半や「おひさまのうた」では、アルファ波がデルタ波よりも高くなり、最も高い状態を維持していました。これは瞑想しているときの脳波に似ており、聴き手がより集中して落ち着いた状態になったことを示しています。

このことから、音階とテンポが速く変わる演奏を聴いているときは、意識の焦点が定まりにくくなるのに対し、繰り返しや規則性のあるメロディーは、聴き手を落ち着かせ、集中力を高める効果があることがわかります。

シュタイナー教育では、リズムや繰り返しがとても重要視されています。授業の流れや展開も一定のリズムを持つように工夫されており、編み物などの手仕事の活動では、リズムや反復的な作業を通じて、秩序や安心感が育まれるとされています。このような教育実践においても、コロイの笛の演奏時の聴き手の脳波に見られるような集中と落ち着きが促進されることが示唆されています。

聴き手の脳波の特徴

・即興演奏の前半では、デルタ波とアルファ波がほぼ同レベルで最も高く、ガンマ波が最も低い状態を示しています（図16 b）。

・これは、聴き手が意識の焦点がはっきりと定まらない、夢見心地のような状態にあったことを示唆しています（図16 b）。

・一方、即興演奏の後半や「おひさまのうた」では、アルファ波が最も高い状態を維持していました（図16 b）。

・これは、聴き手がより集中して落ち着いた状態になったことを示しており、瞑想時の脳波に似ています（図16 b）。

演奏の影響と聴き手の反応

・この結果から、音階とテンポが速く変わる演奏を聴いているときは、意識の焦点が定まりにくくなることがわかります（図16 b）。

・逆に、繰り返しや規則性のあるメロディーは聴き手を落ち着かせ、集中力を高める効果があることが示唆されました（図16 b）。

■■■ 3-5　吉良氏と聴き手の血圧と心拍数

血圧と心拍数は精神状態と相関があると知られており、これらの指標を通じて精神状態を評価することが可能です。[33] そこで本研究では、吉良氏と聴き手の血圧と心拍数も測定しました。吉良氏と聴き手の血圧は、上腕式血圧計を使用して楽器演奏前後に測定されました。また、演奏中の心拍数はフィットネストラッカーを用いてリアルタイムで計測されました。その結果、今回の研究では演奏前後の測定で両者の血圧と心拍数に有意な変化は見られませんでした。

第4章　脳波測定をつうじたアントロポゾフィー音楽療法の分析

この章では、アントロポゾフィー音楽療法（Anthroposophical Music Therapy この本ではＡＭＴと略記）についての科学的アプローチによる研究を紹介します。ＡＭＴの効果は療法士の経験に基づいて評価されていましたが、この研究では主に脳波分析を通じて、ＡＭＴで使用される楽器を演奏する熟練の療法士（竹田喜代子氏）の状態を調べていきます。

音楽は人間の感情や意識、呼吸に直接作用するため、音楽療法は、心（魂）への働きかけが必要な人に対して行われることが多いです。ＡＭＴでは、音楽療法士が持つ人間観、音楽観、医学観、死生観などが重要だと考えられています。なぜなら療法士の姿勢そのものが、患者に大きな影響を与えるからです。

音楽で人間を癒やすのではなく、音楽を通して患者自身の自己治癒力を引き出すことを重視しています。

また、一般的な対話中心のカウンセリングとは異なり、ＡＭＴでは音楽が感情や記憶に働きかけることにより、身体の動きも自然と引き出されます。これにより、言葉でのコミュニケーションが難しい患者とも交流が可能になる場合が多く、人と人との出会いが生まれ、療法のための空間がつくられていきます。

ＡＭＴは健常者においても、リラックスやリフレッシュ効果だけでなく、自分の身体や心の声を聴く力を育て、生き方のバランスをとる助けにもなります。これらの体験は、困難な状況において生きる実感を得たり、自分と向き合う機会となり、続けることで自分の変化や成長を感じるきっかけとなります。シュタイナー学校の音楽の授業が「自由への教育」を目指しているのと同様に、ＡＭＴでも一人ひとりが「自己認識」へ至る道を支えることが目的とされています。

1　アントロポゾフィー音楽療法と楽器

■■■ 1-1　アントロポゾフィー音楽療法（ＡＭＴ）について

ＡＭＴは１９２０年代後半に治療教育の場から始まりました。そして障がいのある子どもや青年らが生活するキャンプヒルにおいて、音楽の治療効果に着目した医師や治療教育者、音楽療法士を中心に音楽療法は発展していきました。その後、アントロポゾフィーの人間観、医学観、音楽観を基に音楽療法の場が広がり、医療の場でも用いられるようになりました。現在では世界各地のアントロポゾフィー医療を実践する病院、芸術療法院、高齢者施設、治療教育施設、シュタイナー学校、福祉施設などで行われています。また、ドイツやオランダにあるコロイ（CHOROI）という楽器工房では障がいのある人とない人が共同で楽器のアイディアを出し、製作しています。

■■■ 1-2 ライアー

楽器の特徴

ライアーは、小さな美しい響きと長い余韻が特徴的な楽器です。その音色は、耳を傾けたくなるような魅力を持っています。撥弦楽器（はつげん＝はじく楽器）の一種ですが、弦を指の腹でなでるように弾くことで、初心者でも簡単に美しい音色を奏でることができます。また、ライアーの音は感情や呼吸に働きかける力があり、心を落ち着かせる効果があります。

音楽療法における歴史と経緯

ライアーの起源は古代メソポタミア文明にまで遡ると言われています。しかし、現代のライアーは1926年にスイスのアントロポゾフィーの障がい児教育施設で誕生しました。この楽器は「障がい児によりふさわしい音とは何か」という視点から開発されたものです。

この新しいライアーは、ルドルフ・シュタイナーの理念に基づいて、音楽家エドムント・プラハトと彫刻家ローター・ゲルトナーによって作り出されました。その結果、今日では多様な種類のライアーが存在し、音楽療法をはじめとする様々な分野で広く使用されています。

ライアーの音楽療法における活用

ライアーは、音楽療法において多くの場面で使用されています。一つは患者が療法士の生演奏を聴く受動的(聴取)療法です。ライアーの柔らかな音色は傾聴を促し、不安や緊張を和らげ、呼吸を深める作用があります。がんや神経難病の患者のベッドサイドで行われることもあり、心身の痛みや息苦しさを緩和し、入眠の助けにもなります。また、がんの化学療法の副作用である手足の神経障害には、障害部位をライアーに置いて音を聴くことで、症状が緩和されることがあります。認知症の患者に対しては能動的に聴く力を引き出し、情緒を安定させ、記憶に働きかけるきっかけとなります。

二つ目は患者自身が鳴らしたり、曲や即興を演奏したり、作曲したりする能動的療法です。発語の難しい障害の方と交互にライアーを鳴らして、非言語コミュニケーションを体験し、言語表出を促す場合もあります。また、うつや不安の強い患者やグリーフなど深い悲しみを抱えた方が、言葉にしにくい感情を音楽で表現する手助けとなります。

さらに、ライアーは歌の伴奏としても用いられます。患者の歌の伴奏としては、温かみのある音が発声や呼吸を支え、歌いやすくします。また、音楽療法士の歌の伴奏としても使用され、セッション全体を和やかな雰囲気にし、患者をリラックスさせます。

ライアーの響きは、感情や呼吸といった胸の領域に深く働きかけます。

その音色は、患者の心身に穏やかな変化をもたらし、音楽療法において非常に有効です。

■■■ 1-3　響きの楽器について

ＡＭＴで使用される療法楽器には、ドイツ・ハイリゲンベルクの音楽家であり彫刻家でもあるマンフレッド・ブレッファート（Manfred Bleffert, 1950～）によって1980年代から作製された「響きの楽器」があります。古代から様々な地域では、死者を弔う儀式などにおいて金属の楽器が使用されてきました。ブレッファート氏は、金属や木などの素材が持つ響きを研究し、東洋の楽器が持つ叡智をヒントに新たな「響きの楽器」を創作しました。どの楽器も調音されており、現在ではブレッファート氏の弟子たちがその製作を受け継いでいます。

金属の楽器は余韻が長く、聴く人に傾聴を促し、静けさや神聖さをもたらします。また、演奏者の動きが音色に反映され、自身の動きや空間とのつながりを感じさせることができます。さらに、呼吸を深める作用もあります。そのため、これらの楽器はＡＭＴや療法的音楽教育の場で使用されるようになりました。

響きの楽器はいくつかの種類があります。タムタム、ベッケン、チューブラーベル、ゴング、グロッケンシュピール、フィンガーシンバル、トライアングルの7種類の楽器では、音が温もりから光へと変化する様子を感じることができると言われています。他にシュテーベもあります。材質は銅、青銅、鉄の3種で、それぞれ異なる作用があります。感じ方は人それぞれですが、銅は静かな温かさ、青銅は覆うような温かさ、鉄は目覚めさせる要素があると言われています。
ゴングは丸い楽器の中心の突起を打ち、楽器を揺らすことで響きが広がります。それは集中と解放、収縮と拡散の動きであり、呼吸の動きでもあります。ＡＳＤ（自閉スペクトラム症）で聴覚過敏のあるお子さんが、青銅製のゴングを聴くことによって音と安心して出会い、その後のセッションに落ち着いて参加できるようになったことがあります。また、不安の強いＡＳＤの女性とのセッションでは、ゴングの体験から心の静けさを感じられるようになり、周囲とのコミュニケーション意欲をひき出すきっかけとなりました。認知症の集団療法では、美しく長い余韻に意識を集中させ、呼吸が深まり、穏やかな様子になることが度々ありました。

シュテーベは棒状の楽器を打ち鳴らしたり、細い棒でこすったりします。これは方向性や直線性を意識させる作用があり、響きにもその特質が表れています。きらめくような響きは意識を目覚めさせます。空間や方向性を意識しながら鳴らすことは、自分の中心を感じやすくさせ、他者との距離感を育てる作用もあります。

タムタムは大きな円盤状の楽器と向き合いながら、バチで鳴らします。響きにはたくさんの倍音が含まれ、深遠さを感じさせます。代謝や体温上昇を促進すると言われ、じっくりと響きを感じることにより身体の痛みが和らいだり、がん術後で身体の冷えに悩む患者の体温が上昇した例があります。

ささやきの木は細い木の枝がツリーチャイムのようにぶら下がっている楽器で、手で触れるだけで様々な響きが生まれてきます。木そのものの響きだけでなく、水や風の音も連想させます。音楽経験が少なくても、病気や障がいによって身体の動きに制限があっても鳴らしやすい楽器です。そして余韻が短い分、鳴らしている人の動きの始まりと終わりがそのまま反映されます。ある神経難病の患者は、症状が進んで手の指先しか動かせない状態になった時も「この楽器なら一人で鳴らせる」と療法士との即興演奏に意欲的に取り組み、充実したような笑顔を見せました。

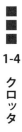

■■■ 1-4　クロッタ

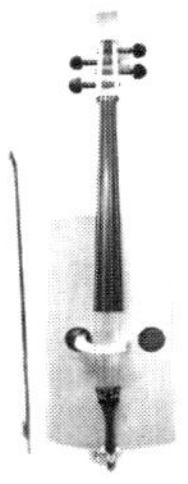

テノールクロッタは、チェロと同じ音域で人の声に近く、親しみやすい音色を持ちます。その響きは落ち着いた深みと暖かさがあり、演奏時には弓を下から包み込むように持つことで、柔らかく流れるような音が自然に生まれます。

ＡＭＴの基礎を作った一人であるマリア・シュッペルは、クロッタに大きな関心を持ち、楽器製作者のカール・ヴァイドラーに依頼して療法用に制作させました。クロッタはかつて西洋の吟遊詩人が使っていましたが、長らく忘れられていたものを彼女が復活させ、音楽療法に取り入れたのです。

クロッタは呼吸や腹部、脚の感覚に深く作用し、落ち着きをもたらします。例えば、喘息や肺の疾患を持つ患者と一緒に、両腕を開いたり閉じたりしながら弓で演奏します。それによって呼吸が深まり、呼吸への不安が緩和されることがあります。また、多動や注意力に課題のあるお子さんや認知症の患者が、低音の響きによって落ち着いた状態へと導かれることがしばしばあります。

他にも、患者が身体をクロッタに当てて行う方法もあります。手や足、背中を当てて振動や音を感じることで、落ち着きがない状態の患者が、身体の輪郭や内外の感覚を体験し、呼吸の深まりと落ち着きを取り戻すことがあります。さらに、鈍くなった感覚や生命力が活性化され、温かさがもたらされます。我々は、クロッタを用いた温度測定も行い、素足を乗せた聴き手の皮膚温が上昇することを確認しています。詳細は左記参考文献を参照してください。

参考文献
※井藤元、山下恭平、竹田喜代子、勝田恭子「アントロポゾフィー音楽療法における聴取者の皮膚温測定」『東京理科大学教職教育研究』第9号、2024年
※Susanne Reinhold、東福ヴァイラー眞弓『アントロポゾフィー音楽療法』（アントロポゾフィー音楽療法士の会／一般社団法人アウディオペーデ、2022年）

2 - 竹田喜代子氏演奏時の脳波、体温、呼吸の変化

本節では、アントロポゾフィー音楽療法に携わる音楽療法士の脳波・呼吸・体温（皮膚温）変化を分析し、アントロポゾフィー音楽療法独自の楽器が演奏者に及ぼす影響を明らかにすることを目的としています。療法楽器が演奏者にもたらす効果は、これまで療法士の経験則に基づいて把握されてきましたが、科学的アプローチに基づく分析は行われていませんでした。そこで、日本におけるアントロポゾフィー音楽療法の第一人者であり、卓越した技能と知識を持つ療法士である竹田喜代子氏の演奏時の脳波測定を通じ、療法楽器が演奏者にどのように作用しているかを考察します。ここでは、アントロポゾフィー音楽療法において代表的な楽器である、青銅製及び鉄製のゴング、シュテーベ、タムタム、ささやきの木に焦点を当てて分析を行いました。

■■■ 2-1　測定環境

測定は2022年2月16日と8月16日の2日間に行われました。測定結果のグラフには、

それぞれの日付が「(2/16)」や「(8/16)」と明記されています。測定は、竹田氏が主催するアウディオペーデで実施されました。

■■■ 2-2 測定方法

脳波測定については、「第3章 1-2 脳波の測定について」を参照してください。呼吸パターンは、竹田氏の腹部に圧力センサを装着し、腹部の圧力変化を呼吸の変動として測定しました。データは0.1秒ごとに記録され、Microsoft Excelを使って整理・グラフ化しました。手足の皮膚温の分布の測定には、サーモグラフィを使いました。左右の手のひらと足の裏の温度を、「演奏前」、「演奏直後」、「演奏後3分経過後」の3回測定して各々の熱分布画像を取得し、最高温度の変化をグラフ化しました。

■■■ 2-3 瞑想

はじめに、竹田氏の脳波を分析するための基準として、論理的思考をせずに落ち着いている状態である瞑想時の脳波を測定しました。瞑想の測定については「第3章 2-1 瞑想」を参照してください。

測定結果（図17）より、竹田氏の脳波には以下の特徴が見られました。まず、アルファ波（落ち着きと集中）が常に最上位を維持しており、これは竹田氏が落ち着いて集中している状態にあったことを示しています。次に、ガンマ波（緊張や興奮）が時間とともに低下し最下位を維持するようになり、これは竹田氏が時間の経過とともにリラックスし、緊張や興奮が減少していったことを示しています。

■■■ 2-4 タムタム

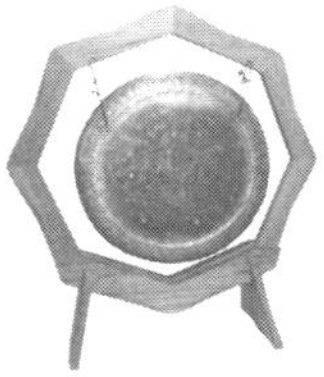

次に竹田氏によるタムタム演奏中の脳波について見ていきましょう。図18に示されたデータは、各日最初の楽器演奏がタムタムであり、いずれもアルファ波が高くガンマ波が低いため、竹田氏は落ち着いて演奏に集中していたと考えられます（図18 a, b）。また、両グラフともベータ波が高くアルファ波に近い値となっており、演奏には論理的思考が働いていることが示唆されました。

特に、反時計回りに演奏する際には、時計回りに比べてアルファ波に対するベータ波の値が大きく、論理的思考がより有意に働いていると考えられます。また、アルファ波とデルタ波が近い値で上位を維持していることも特徴的で、この脳波パターンは、入眠時の微睡や白紙に白色クレヨンで絵を描くような手探り状態のときに現れることが確認されています。

竹田氏によると、「タムタムは中心、外周、中心から少し外れたところなど鳴らす位置によって、どのような響きがあるか（音が出るか）を、強弱も含めて絶えず感じながら演奏する。初回の演奏は手探り状態であり、どこが一番良い響きが出るかに意識が向けられた」とのことであり、この脳波の特徴と一致しています。

タムタム初回演奏時の竹田氏の脳波の特徴

・演奏時はアルファ波が高く、ガンマ波が低い状態となります（図18 a, b）。
・これは、竹田氏が落ち着いて演奏に集中していたことを示しており、演奏中の精神状態が安定していたことがわかります（図18 a, b）。

ベータ波の優位性と論理的思考の働き

・ベータ波が高いことから、演奏には論理的思考が働いていたことが示唆されます（図18 a, b）。
・反時計回りに演奏する際には、時計回りの演奏時よりもベータ波が高くなることから、論理的思考がより顕著に働いていると考えられます（図18 a, b）。

脳波のパターンと竹田氏のコメントの一致

・アルファ波とデルタ波が近い値で上位を維持していることも特徴的です。この脳波パターンは、入眠時の微睡状態や白紙に白色クレヨンで絵を描くような手探り状態に見られます（図18 a, b）。

・「タムタムは鳴らす位置によって、どのような音が出るかを、絶えず感じながら演奏する。初回の演奏では手探り状態で、どこが一番良い響きが出るかに意識が向けられていた」と述べています。

・コメントは、図18 a, b に示された脳波の特徴と一致しており、演奏中に竹田氏が特定の響きを探しながら演奏していたことが、脳波に反映されていることがわかります。

一方、2回目の演奏ではベータ波が最上位を維持し、演奏開始とともにガンマ波が上昇し、0.2 分以降では最下位ではなくなりました（図18 c）。竹田氏によると、「初回は響きを創り出すことに意識を向けていたが、2回目は響きに意識を委ね、響きに助けられることで集中が深まった（音を聴くことに意識が向けられ、その音を指標に最適な響音状態となるように演奏が行われた）」とのことです。これには論理的思考を伴うことが示唆されますが、竹田氏は言語的な論理的思考をしていたという自覚はありませんでした。

ＡＭＴは体温や呼吸に働きかける場合があります。演奏者自身への効果を調べるために、皮膚温と呼吸数について測定を行いました。まず皮膚温については、両手足の皮膚温が演奏前に比べて演奏直後に上昇し、その後も上昇が継続することが確認されました（図18ｄ）。

また、図18（ｄ）より、タムタム演奏中の体温について、両手足の皮膚温は演奏前に比べて演奏直後に上昇し、その後も上昇が継続していることが確認されました。

タムタム２回目の演奏時の脳波の特徴

・ベータ波が最上位を維持し、演奏開始とともにガンマ波が上昇し、0.2分以降ではガンマ波が最下位ではなくなったことが確認されます（図18ｃ）。

意識の変化

・「初回は響きを創り出すことに意識を向けていたが、２回目は響きに意識を委ね、響きに助けられることで集中が深まった」と述べており、２回目は音を聴くことに意識を向け、その音を指標に最適な響音状態を目指して演奏を行ったことが示唆されます（図18ｃ）。

・この意識の変化には論理的思考を伴うことが示唆されますが、竹田氏自身は言語的な論理的思考をしていたという自覚はありませんでした（図18 c）。

体温の変化

・両手足の皮膚温が演奏前に比べて演奏直後に上昇し、その後も上昇が継続することが確認されました（図18 d）。

図19は、タムタム演奏前後の両手足の平の熱分布画像です。

1、**熱分布画像とは：**熱分布画像は、物体や生物の表面温度を色で示した画像です。サーモグラフィカメラという装置を使って撮影され、温度が高い部分は暖色系（赤やオレンジ）で、温度が低い部分は寒色系（青や紫）で表示されます。この画像を使うと、肉眼では見えない温度の違いを視覚的に理解することができます。次の項目2〜4は、図19の左上の熱分布画像（演奏直前の右手の平）を例にした、熱分布画像の説明です。

2、**水色の「＋」の場所：**水色の「＋」印（図の左上）は、画像内で最も温度が低い場所を示しています。画像の右側に表示されている「min：26.4」という数字が、この場所の温度（℃）を表しています。

3、**赤色の「+」の場所：**赤色の「+」印（親指の付け根付近）は、画像内で最も温度が高い場所です。画像の右上に表示されている「MAX：34.7」という数字が、この場所の温度（℃）を示しています。

4、**緑色の「+」の場所：**緑色の「+」印（中指の付け根下）は画像の中心で、画像の左上に白い文字で表示されている「33.5」という数字が、この場所の温度（℃）を示しています。

このように、熱分布画像は温度の高低を視覚的に捉えることができるツールで、異なる色やマークを使って特定の温度を強調しています。

この図から、演奏前後における各部位の温度分布に顕著な変化は見られませんが、最高温度（MAX）はいずれの部位においても演奏後に高くなっています。竹田氏によると、響きを感じることで身体が熱くなる感覚が確認されています。これは、タムタムの響きが代謝を促進する作用と関連している可能性があります。

演奏前後の熱分布の変化

・図19は、タムタム演奏前後の両手足の平の熱分布を示す画像で、各部位の温度分布に顕著な変化は見られませんが、最高温度（ＭＡＸ）は演奏後に高くなっています。

体感の変化と代謝の可能性

・竹田氏は、タムタムの響きを感じることで身体が熱くなる感覚を体験しており、これはタムタムの響きが代謝を促進する作用と関連している可能性があります。

図20は、タムタム演奏時の呼吸パターンと脳波スペクトルを対応させたものです。呼吸計の信号強度は腹圧に対応し、息を吸うときに低下し、吐くときに上昇します。演奏前の呼吸は浅く、大きな信号の変化は見られませんでした。しかし、演奏開始の合図があると同時に、信号の顕著な低下が見られました。そして、演奏開始とともに深い呼吸パターンが観測され、演奏後もその状態が持続しました。特に、反時計回りに演奏する際には、より規則的で大きな振幅が確認されました。

この時の脳波の特徴として、デルタ波とシータ波が低下し、相対的にガンマ波が上昇しました。また、アルファ波とベータ波がほぼ同じレベルで最上位となったことから、竹田氏は落ち着きながら論理的思考や注意の意識が働いていたと考えられます。竹田氏によると、「開始の合図を聞いたことで一旦落ち着き、気持ちを集中させることができました。時計回りに叩いているときは普段の呼吸とあまり変わらない自覚がありましたが、途中で反時計回りにしたところ、利き腕が右手のため骨格の都合上、演奏に対してより意識を向ける必要がありました。演奏に意識を向けることで呼吸が深まり、これに伴って集中が深まったことに気が付き驚きました」とのことです。

これらの結果から、呼吸パターンと意識は関連しており、集中しているときには深く規則的になることがわかります。反時計回りの演奏でアルファ波とベータ波が最も高かったのは、特に演奏に意識が向けられたためであり、ガンマ波が相対的に上昇したのは演奏に対する注意の他、新しい感覚に気付き高揚したためと考えられます。

タムタム演奏時の呼吸パターン

- 呼吸計の信号強度は腹圧に対応し、息を吸うときに低下し、吐くときに上昇します（図20）。
- 演奏前の呼吸は浅く、大きな信号の変化は見られませんでしたが、演奏開始の合図とともに信号の顕著な低下が見られ、その後、深い呼吸パターンが観測されました（図20）。

・特に反時計回りに演奏する際には、より規則的で大きな振幅が確認され、深い呼吸パターンが維持されました（図20）。

脳波の変化

・この時の脳波の特徴として、デルタ波とシータ波が低下し、ガンマ波が相対的に上昇しました（図20）。

・アルファ波とベータ波がほぼ同じレベルで最上位となったことから、落ち着きながら論理的思考や注意の意識が働いていたことが示唆されます（図20）。

竹田氏のコメント

・「開始の合図を聞いたことで一旦落ち着き、気持ちを集中させることができた」と報告しています。また、「反時計回りの演奏では、右利きのため演奏に対してより意識を向ける必要があり、呼吸が深まり、集中が深まったことに気付いた」と述べています（図20）。

呼吸パターンと意識の関連

・これらの結果から、演奏に集中しているときには呼吸が深く規則的になることが分かります（図20）。

・反時計回りの演奏でアルファ波とベータ波が最も高かったのは、演奏に意識が向けられたためであり、ガンマ波が相対的に上昇したのは新しい感覚に気付き高揚したためと考えられます（図20）。

■■■ 2-5　ゴング

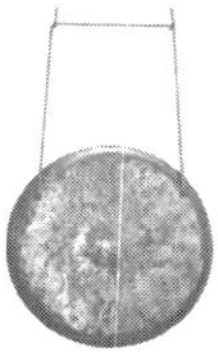

次に、ゴング演奏時の脳波について見ていきましょう。図21に示されたデータによると、ゴングの演奏は、竹田氏を含む合計４人（アントロポゾフィー音楽療法士３名、一般成人健常者１名）が円陣を組み、それぞれの音高に調音されたゴングを各人が任意のタイミングで打音して行いました。青銅は「シ、ラ、ミ、レ」、鉄は「シ、ソ、ミ、レ」の４種類の音階を選びました。竹田氏は青銅、鉄のいずれも「レ」に調音されたゴングを使用しました。

図21（ａ）では、青銅のゴングを演奏しているときの竹田氏の脳波が示されています。このとき、アルファ波が高いのに対して、ガンマ波は常に最下位でした。このことから、青銅の楽器を演奏しているときは、竹田氏が落ち着いて集中している状態であることがわかります。

一方、図21（b）では鉄のゴングを演奏しているときの脳波が示されています。鉄のゴングの演奏では、演奏の前半においてガンマ波が下から2番目の位置にあり、最も低くはなく、ベータ波がほとんどの時間で最も高くなっています。これは、竹田氏が注意と論理的思考を働かせている状態を示唆しています。

演奏の後半に入ると、アルファ波とシータ波が上昇し、ガンマ波が最も低くなります。このことから、演奏の後半では竹田氏がよりリラックスし、集中している状態になったと考えられます。

竹田氏の感想によると、「青銅のときはリラックスして演奏しており、音色が柔らかいため、自然とそのような状態になりやすかった」ようです。一方で、「鉄の楽器では美しい響きを出すために、より意識的に演奏に集中する必要があった。演奏の前半は、自分がどのような音を出したら良いか、また他の演奏者がどのような音を出してくるかを探るような状態だった」と述べています。後半になると、「4人で作った響きのハーモニーが形成され、その響きを聴くことに意識を向けていたため、リラックスして演奏することができた」とのことです。

これらの感想は、脳波スペクトルの結果と一致しており、青銅と鉄の楽器が竹田氏に与える心理的な影響の違いが脳波にも反映されていることが示されています。青銅では柔らかい音色により自然にリラックスできるのに対し、鉄では美しい響きを追求するために、竹田氏はより集中し、注意深くなる必要があるため、前半では注意と論理的思考が優位になるのだと考えられます。

ゴング演奏時の脳波の特徴

・青銅のゴングを演奏しているときは、アルファ波が高いのに対して、ガンマ波が常に最も低いことから、落ち着いて集中している状態であることがわかります（図21 a）。
・鉄のゴング演奏時では、演奏の前半においてガンマ波が下から2番目の位置にあり、ベータ波がほとんどの時間で最も高くなっています（図21 b）。
・これは、竹田氏が注意と論理的思考を優先させている状態を示唆しています（図21 b）。
・演奏の後半に入ると、アルファ波とシータ波が上昇し、ガンマ波が最も低くなることから、演奏の後半では竹田氏がよりリラックスし、集中している状態になったと考えられます（図21 b）。

竹田氏の感想と脳波の一致

・竹田氏は、「青銅のときはリラックスして演奏しており、音色が柔らかいため、自然にリラックスできた」と述べています。

・一方で、「鉄のゴング前半の演奏では美しい響きを出すために、より意識的に演奏に集中する必要があった」と述べています。

・後半になると、「4人で作った響きのハーモニーが形成され、その響きを聴くことに意識を向けていたため、リラックスして演奏することができた」と述べています。

・青銅では柔らかい音色により自然にリラックスできるのに対し、鉄では美しい響きを追求するために、注意深く演奏をする必要があるため、前半では注意と論理的思考が優位になりましたが、後半は響きに意識が向けられてリラックスした状態になったと考えられます（図21 a, b）。

■■■ 2-6　シュテーベ

図22はシュテーベ演奏時の脳波を示しています。各奏法は以下の通りです。

奏法1：紐に連結されたシュテーベを縦にぶら下げ、もう一方のシュテーベで上から下へと、やさしくこすり下ろす。

奏法2：シュテーベを縦にぶら下げ、もう一方のシュテーベで1回打音する。

奏法3：紐の部位を左右の手に一つずつ持ち、振り子のように振りながら前方でシュテーベ同士を触れ合わせて音を鳴らす。鳴らしながら振ることでより多くの響きをを発生させる。

それでは、3つの異なる奏法に共通する脳波の特徴と、それぞれの奏法における脳波の変化について見ていきます。

3つの奏法に共通する脳波の特徴として、ベータ波が常に最も高く、次にガンマ波が高いことが挙げられます。これから、竹田氏が演奏中に論理的思考と注意力を働かせていたことが示されています。演奏する際には、音を出すタイミングや音の質をコントロールする必要があり、これが注意と論理的な思考を促進したと考えられます。

次に各奏法での脳波の特徴を見ていきます。

奏法1：時間の経過とともにアルファ波が低下し、ガンマ波と同じレベルになりました。これは、竹田氏がより注意深く演奏しなければならなかったことを示しています。竹田氏のコメントによれば、「奏法1は非常に繊細な演奏であり、特に注意深く演奏する必要があった」そうです。これにより竹田氏の緊張感と集中力が高まっていたことがわかります。

奏法2：時間の経過とともにアルファ波が上昇したことから、竹田氏がリラックスしていったことが示唆されています。

竹田氏は「奏法2では、奏法1よりも緊張が緩み、音色を心地よく感じることができた」と述べており、演奏に対する緊張感が少し和らいだことが脳波にも反映されています。

奏法3：アルファ波がさらに上昇し、ベータ波と同レベルで最も高くなりました。また、この間にガンマ波が一時的に（1.25〜1.70分）低下したことから、竹田氏がさらにリラックスした状態に入ったことが示されています。竹田氏は、「奏法3では腕を振ることによる開放感で緊張が解け、音の響きに意識を委ねていたため、最もリラックスできた」と述べています。しかし、腕の振り方によって音の質が変わるため、演奏には細心の注意を払っていたとも述べています。

以上の結果から、演奏中に音を出すことに注意を向けることは、論理的思考と注意力を高める効果があることがわかります。同時に、演奏方法や身体の動きによってリラックス効果を高めることも示されています。ただし、演奏中は常に注意が必要であり、そのためにガンマ波が常に最下位にはならないことから、瞑想状態とは異なることが示されました。

共通する脳波の特徴

- 3つの異なる奏法に共通する脳波の特徴として、ベータ波が常に最も高く、次にガンマ波が高いことが挙げられます。
- このことから、竹田氏が演奏中に論理的思考と注意力を働かせていたことが示されています。
- 演奏する際には、音を出すタイミングや音の質をコントロールする必要があり、これが注意と論理的な思考を促進したと考えられます。

各奏法における脳波の変化

奏法1：時間経過とともにアルファ波が低下し、ガンマ波と同じレベルになりました。これより、繊細な演奏が求められたために、竹田氏は注意深く演奏し、集中力と緊張感が高まっていたことがわかります。

奏法2：アルファ波の上昇より、リラックス状態への移行がみられました。奏法1よりも緊張が和らぎ、音色を心地よく楽しむ余裕が生まれたと述べられています。

奏法3：アルファ波がさらに上昇し、最も高いリラックス状態に達しました。腕を振る動作による開放感を感じつつも、音の質を維持するため細心の注意を払っていたことがわかります。

考察

・以上の結果から、演奏に注意を向けることは、論理的思考と注意力を高める作用があることがわかります。

・特に奏法3では、身体の動きによってリラックス効果を高めることも示されています。

・ただし、演奏中は常に注意が必要であり、そのためにガンマ波が常に最下位にはならないことから、瞑想状態とは異なることが示されました。

2-7 ささやきの木

図23（a）は、竹田氏による「ささやきの木」演奏時の脳波を示しています。演奏時のベータ波が常に最上位を維持し、ガンマ波が優位に高いことから、論理的思考が優位で演奏に注意を払っている状態であると考えられます。また、アルファ波も高いので、演奏に対して落ち着いて集中している状態と考えられます。竹田氏によると、「金属楽器に比べて余韻が短いため、音をつなげて意図した響きを持続させるには、自分で音の強弱や緩急を付け、間を適切に調整しなければならず、音を作っていくという感じである。金属楽器に比べて論理的に考える傾向にある」とのことです。

ここで、比較のために初心者による「ささやきの木」演奏時の脳波を図23（b）に示しました。初心者の脳波では、アルファ波が高く、ガンマ波が最下位であり、シータ波が演奏期間の半分で上位3位を維持しています。これにより、初心者は落ち着いており安らぎを感じていると考えられます。初心者によると、「木の柔らかな音と手触りに、小川のせせらぎが連想され、とても癒された気分になった」とのことであり、演奏時の着眼点が竹田氏とは全く異なることが脳波スペクトルにも表れています。

「ささやきの木」は、今回取り上げた療法楽器の中では最も容易に音を鳴らすことができる楽器ですが、療法士として演奏する際には、論理的かつ細やかな注意を払う必要があり、難易度が高い楽器といえます。これは、吉良氏のライアー奏者の演奏時において、ベータ波とガンマ波が高いこととも一致しています。竹田氏は演奏に対する注意を払うポイントが多いため、論理的思考や注意力（興奮や焦燥感ではない）が優勢になるといえます。

他の楽器も含めて、響き（音）を作り出す立場では論理的思考や注意の意識が高くなり、響きを聴く立場では安らぎや落ち着きを感じる傾向がありました。アントロポゾフィー音楽療法士が療法楽器を演奏する際には、プロの芸術家の活動中のように高度な技術と豊富な経験に基づいた論理的思考や注意の意識が優位に働くことが示唆されます。

竹田氏の「ささやきの木」演奏時の脳波

・竹田氏の「ささやきの木」演奏時の脳波では、ベータ波が常に最上位を維持し、ガンマ波が高いことから、論理的思考が優位で演奏に注意を払っている状態と考えられます（図23 a）。
・アルファ波も高く、演奏に対して落ち着いて集中していると考えられます（図23 a）。

・竹田氏のコメントによると、「金属楽器に比べて余韻が短いため、音を作り出すために細かい操作が必要で、論理的に考える傾向にある」と述べており、脳波の結果に一致します。

初心者の「ささやきの木」演奏時の脳波

・初心者の脳波はアルファ波が高く、ガンマ波が最下位であり、安らぎや落ち着きを感じていると考えられます（図23 b）。

・初心者からは「木の柔らかな音と手触りに、小川のせせらぎが連想され、とても癒された気分になった」とのコメントがあり、演奏時の着眼点が竹田氏とは異なることが示されています（図23 b）。

「ささやきの木」の演奏と竹田氏の意識

・「ささやきの木」は最も容易に音を鳴らすことができる楽器ですが、療法士として演奏する際には論理的かつ細やかな注意が必要で、難易度が高い楽器といえます。

■■■ 2-8　ライアーの演奏と聴取時の脳波

竹田氏によるライアー演奏時と、初心者によるライアー演奏を聴取する際の竹田氏の脳波測定を行いました。演奏内容は即興で、演奏および聴取の際、竹田氏は椅子に安静に座り、開眼状態で測定が行われました。演奏開始から3.1分までは竹田氏が演奏を行い、それ以降は初心者が演奏を行いました。測定結果が図24に示されています。

竹田氏が演奏を行っている間、脳波測定結果からは一連の測定期間を通じて、アルファ波が概ね最も高い状態を維持していることが示されました。このことは、竹田氏が演奏中にリラックスしながらも集中している状態を示唆しています。また、ガンマ波が比較的低い値を示していたため、リラックス状態であったと考えられます。しかし、ベータ波は瞑想時（図17）と比較して高い値を示しており、竹田氏のコメントからも「最初は何を弾こうか、どんな風に弾こうかなどを考えており、音には入り込めないが、だんだんと音に入り込んでいった」とのことで、演奏の初期段階では論理的思考も優位であったことが推察されます。さらに、グリッサンド演奏時に、顕著なシータ波の上昇が見られました（2.3〜2.8分）。これは、吉良氏におけるグリッサンド演奏時の脳波の傾向と一致しています（図8、図13 a）。シータ波の上昇は、深いリラクゼーション状態に関連する脳波として知られており、グリッサンド演奏は竹田氏においてもそのような状態であったことを示しています。

初心者の演奏を聴取する際の脳波について、聴取を開始した直後には、ベータ波が高くなっていました。これは初心者の演奏に対して、思考を巡らせて注意深く聴いていることを示しています。聴取開始から1分弱を経過した以降（図24の4分以降）では、アルファ波が安定して最も高い値を示し、ガンマ波が低い状態を維持していたことから、竹田氏がリラックスしながら集中した状態であったことが示唆されます。また、演奏時と比較して、ベータ波がアルファ波に対して小さかったため、演奏時ほど論理的思考は優位でないことが推察されます。竹田氏のコメントにも「初心者の演奏音により、ふっとその世界に入り込む感覚があった」とあり、聴取中に深いリラックスと集中が実現されていたことが分かります。

竹田氏の演奏中の脳波測定結果

・竹田氏が演奏を行っている間、脳波測定結果からアルファ波が概ね最も高い状態を維持していることが示されました。また、ガンマ波が比較的低い値を示していたため、竹田氏がリラックス状態であったと考えられます。

・一方で、ベータ波は瞑想時（図17）と比較して高い値を示しており、竹田氏が演奏の初期段階で「何をどのように弾こうかと考えており音には入り込めなかったが、次第に音に入り込んでいった」とコメントしていることから、論理的思考も優位であったことが推察されます。

グリッサンド演奏時のシータ波の上昇

・グリッサンド演奏時には顕著なシータ波の上昇が見られました（2.3〜2.8分）。

・これは、吉良氏におけるグリッサンド演奏時の脳波の傾向と一致しており（図8、図13 a）、シータ波の上昇が深いリラクゼーション状態に関連する脳波として知られていることから、竹田氏もそのような状態であったことが示されています。

初心者の演奏を聴取する際の脳波

・聴取を開始した直後にベータ波が高くなり、これは、初心者の演奏に対して注意深く聴いていることを示しています。

・聴取開始から1分弱経過した以降（図24の4分以降）では、アルファ波が安定して最も高い値を示し、ガンマ波が低い状態を維持していたことから、竹田氏がリラックスしながら集中した状態であったことが示唆されます。

・また、演奏時と比較して、ベータ波がアルファ波に対して小さかったため、演奏時ほど論理的思考は優位でないことが推察されます。

・竹田氏のコメントにも「初心者の演奏音により、ふっとその世界に入り込む感覚があった」とあり、聴取中に深いリラックスと集中が実現されていたことが分かります。

3 - 竹田喜代子氏による補足

音楽療法において、療法士として患者に意図的に関わることは非常に重要です。しかし、単なる療法士と患者の関係を超え、人と人として音楽の中で出会い、共感や共振を通じて心が融合する瞬間も、音楽療法の中で必要とされています。そのため、音楽療法では2つの側面が重要です。ひとつは、論理的に患者を観察し、次にどのような音を奏でるかを考えること。もうひとつは、療法士自身が患者と共に音の世界に浸ることです。この2つが揃って初めて、音楽療法が効果を発揮するのです。

時には、言葉でのコミュニケーションが難しい患者もいます。しかし、音を通じて会話をすることで、音楽は療法士と患者の心を繋ぐ重要な手段となります。音楽の中で表現される患者の感情を受け取り、響き合うことで、言葉を超えたコミュニケーションが生まれるのです。また、音楽療法においては、ただ演奏を聴くのではなく、心の中を静かにして相手の音に耳を傾けることが求められます。これにより、療法士は自分自身の思考を一旦脇に置き、相手の音の中に深く入り込むことができます。相手の音に浸ることは、その人の癒しにもつながります。しかし、療法士が何かを「こうしたい」と強く思うと、それが相手にプレッシャーとして伝わってしまうこともあるため、注意が必要です。

音楽療法では、自然体で患者に寄り添い、自由な音のやり取りを促すことが大切です。音楽の中で心を開放し、患者が自らの音を鳴らす瞬間を共に楽しむことで、治療のプロセスが深まります。

終章　脳波測定の研究結果を受けて

終章では、第Ⅱ部の脳波データを見て、竹田氏、吉良氏、勝田氏が感じたこと・考えたことを語っていただきます。

1 - 吉良 創氏のコメント

私の場合、ある曲を演奏する時に、暗譜で何度も繰り返し弾いているようななじみのある曲であっても、意識する部分は多くあります。そのため、覚醒した―論理的思考優位な―状態の脳波（ベータ波）が高くなっているのだと思います。ただし、それと同時にアルファ波も高くなっていることに納得しました。

フィンガーシンバルを演奏した時のデータで、特にそのことが顕著に現れていましたね。良い音を鳴らすためには2枚のシンバルを軽く慎重に接触させる必要があり、うっかり強くぶつけてしまうと大きな濁った音になってしまいます。そのため自然と集中する場面や瞬間が生まれます。

ライアーの場合も、一音一音を弾こうとする時は集中を伴います。音が出る直前は覚醒状態ですが、音が出始めると力が抜けていく方向に変わっていきます。その時の動きは、楽器を「弾く」から「聴く」方に変わっていく感じです。ただ、音が鳴ったら、「聴く」時に動が静止するわけではなく、両者は絶えず動いています。

動きながら、集中して覚醒している状態とリラックスしている状態が、まるで呼吸の収縮と拡張のように交互に現れますが、両者は完全に切り替わるわけではありません。常にどちらの要素も含まれているようで、それが脳波の分析結果にも現れるのだと感じ、非常に面白いと感じました。

これに対して、ムジーククーゲルを演奏している場合は、特に覚醒する必要がないんですよね。また、ライアーでグリッサンドしている時も、ただその動きを繰り返しているだけで、音としては「ドレミファソラシド、ドレミファソラシド」と音階を繋げて弾いているのですが、一つひとつの音を全く意識せず、ただ動作をしている状態です。そういう時には、無限に続く動きと一体となっているような感覚になります。その場合は覚醒する必要がないんですよね。だからムジーククーゲル演奏時やライアーのグリッサンド時にベー夕波が低いのは私の実感とも合っています。

ライアーのグリッサンドのような演奏では、意識的に音を弾こうとするのとは全く違います。ある意味では「弾く」という行為そのものから離れ、自然に力が抜けるような動きをしている感じです。こうした点の対比がとても面白いと感じました。

私が人にライアーを教える時にも、同じようなことを感じます。例えば、指が弦に触れて最もたわむ瞬間があって、音が出るのはその瞬間ではなく、力が抜け始めてからです。たわんだ部分から力が抜けると音が鳴り始めます。そして、その後は音が周縁へと広がっていくような動きになります。ライアーを教える際には、こうしたことを生徒に伝えています。

ライアーのような撥弦楽器の場合、弦を鳴らすためには、指で動きの中で弦に圧力をかけてたわませて、指が弦から離れることによって振動させます。その際、指の腹、手のひらなどの手指や腕の内側が弦を弾く動きを担い、音が出る直前、つまり手指が弦から離れる直前からは手や腕の外側が外に向かうような動きを導いていきます。そこには、まるで宇宙の果てまで広がっていくような、終わりのない感覚がありますが、弦が最もたわんだところが中心であり、そこには行き止まりがあります。（209頁につづく）

生体信号モニタリング図

特に断りのない場合は脳波のグラフを示す。（移動平均処理のない脳波のグラフは◎）

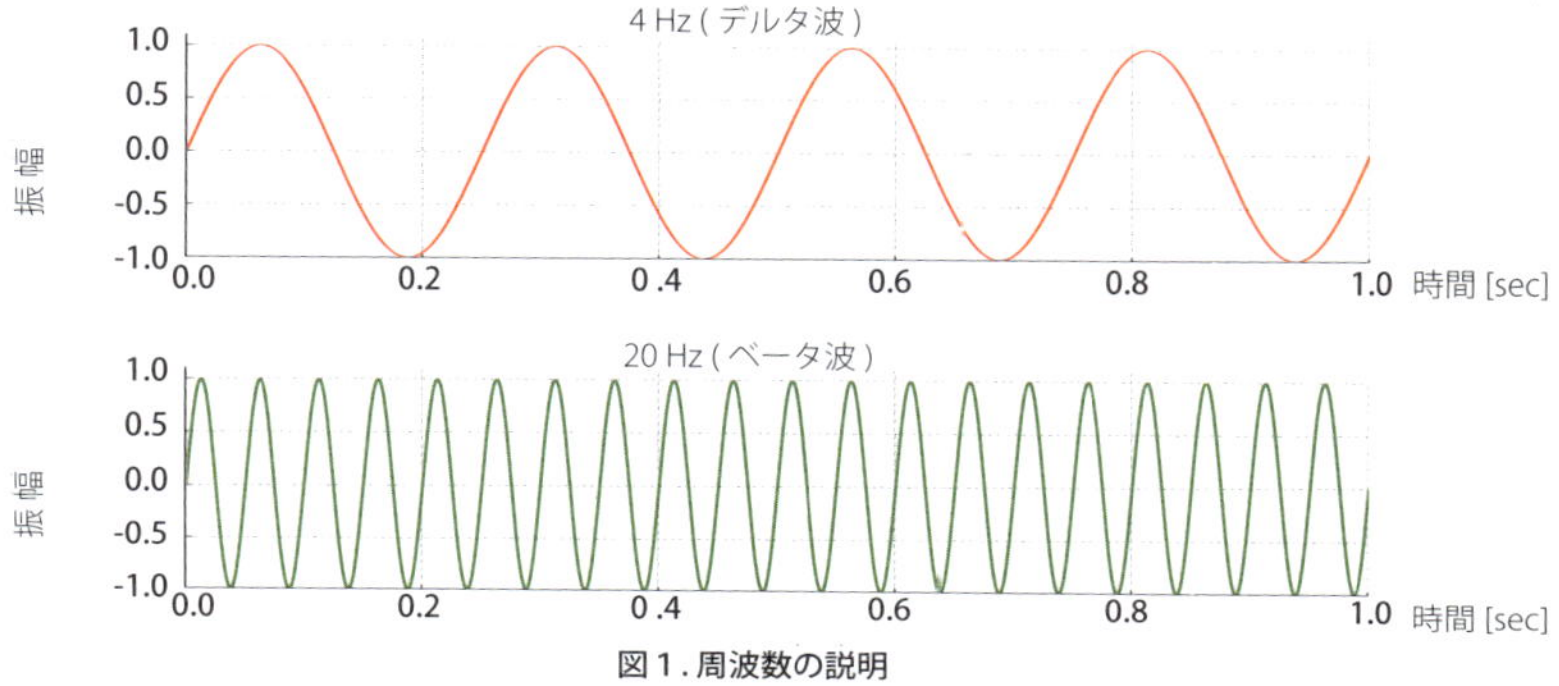

図 1 . 周波数の説明

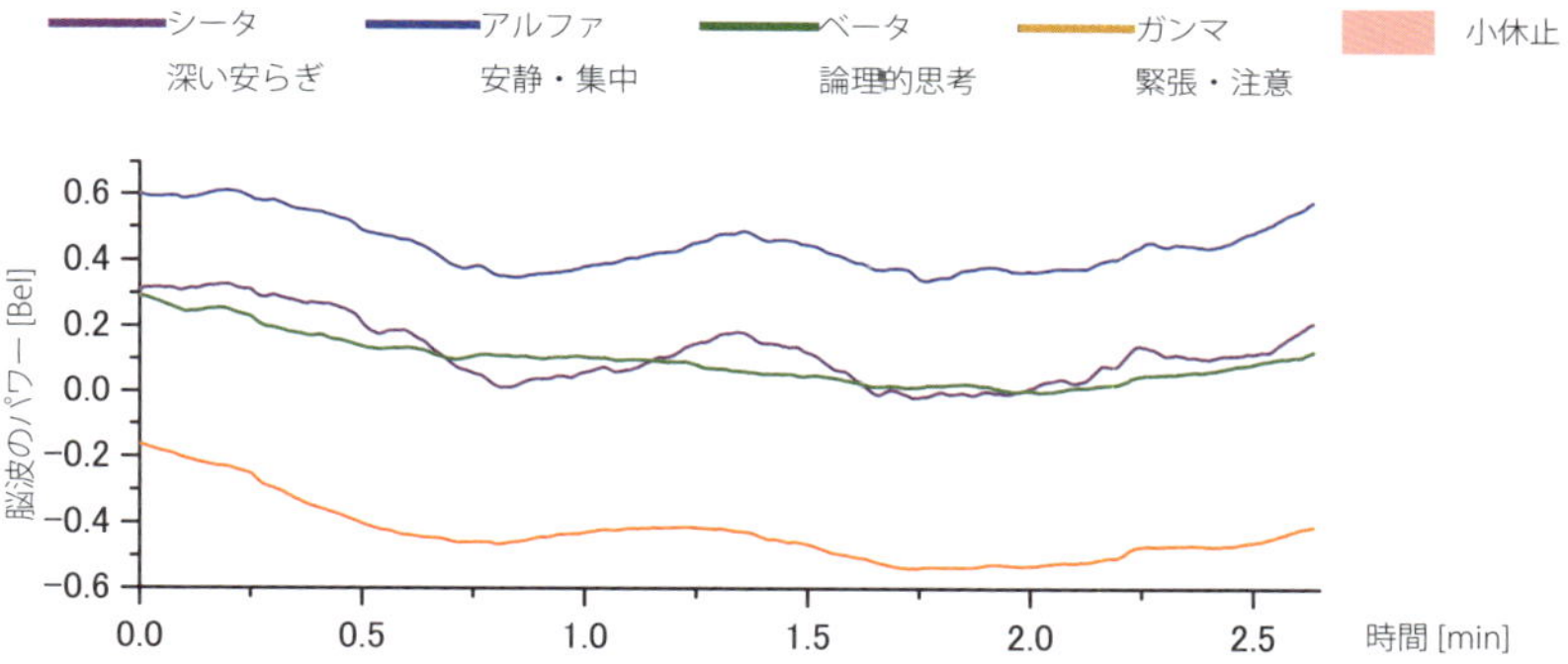

図 4 . 吉良氏 瞑想

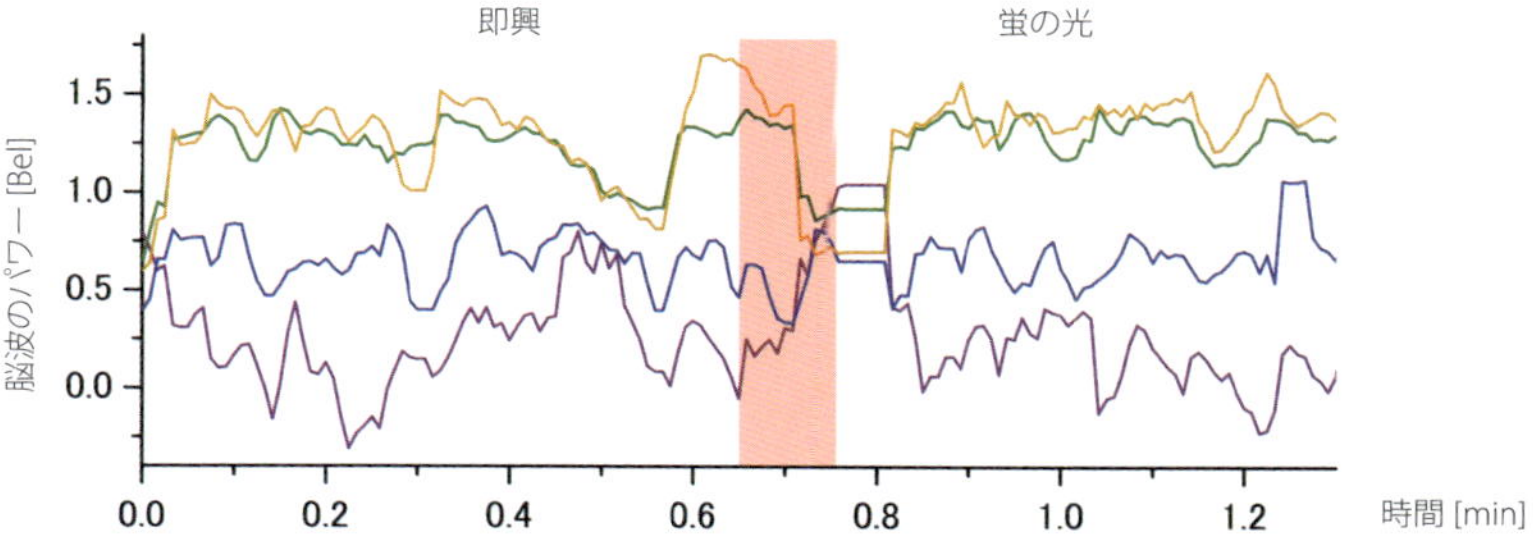

◎図 5 (a). 吉良氏 演奏 コロイの笛（手＋指＋音階＋呼吸）

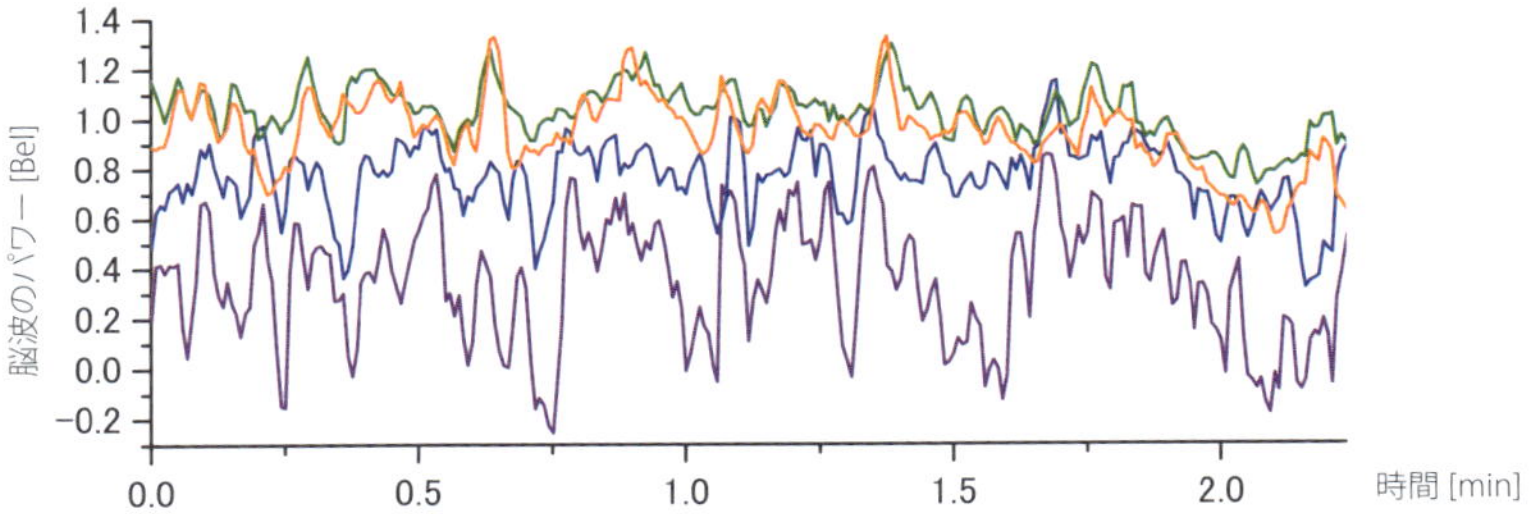

◎図 5 (b). 吉良氏 演奏 ソプラノライアー（手＋指＋音階）

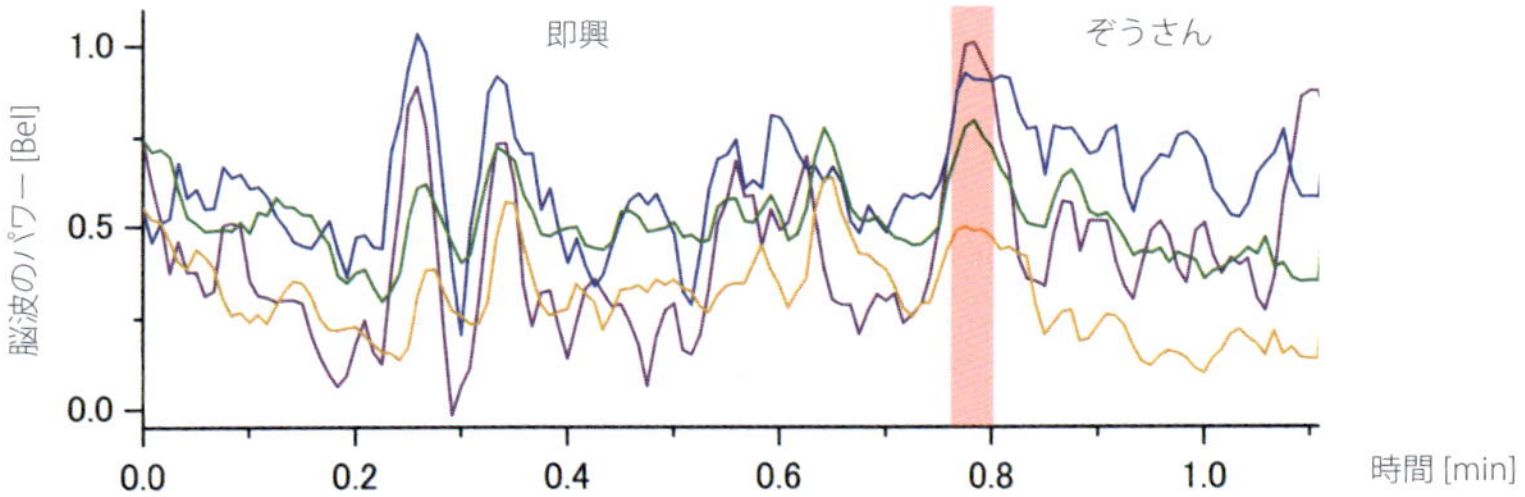

◎図 5 (c). 吉良氏 演奏 グロッケン（手＋音階）

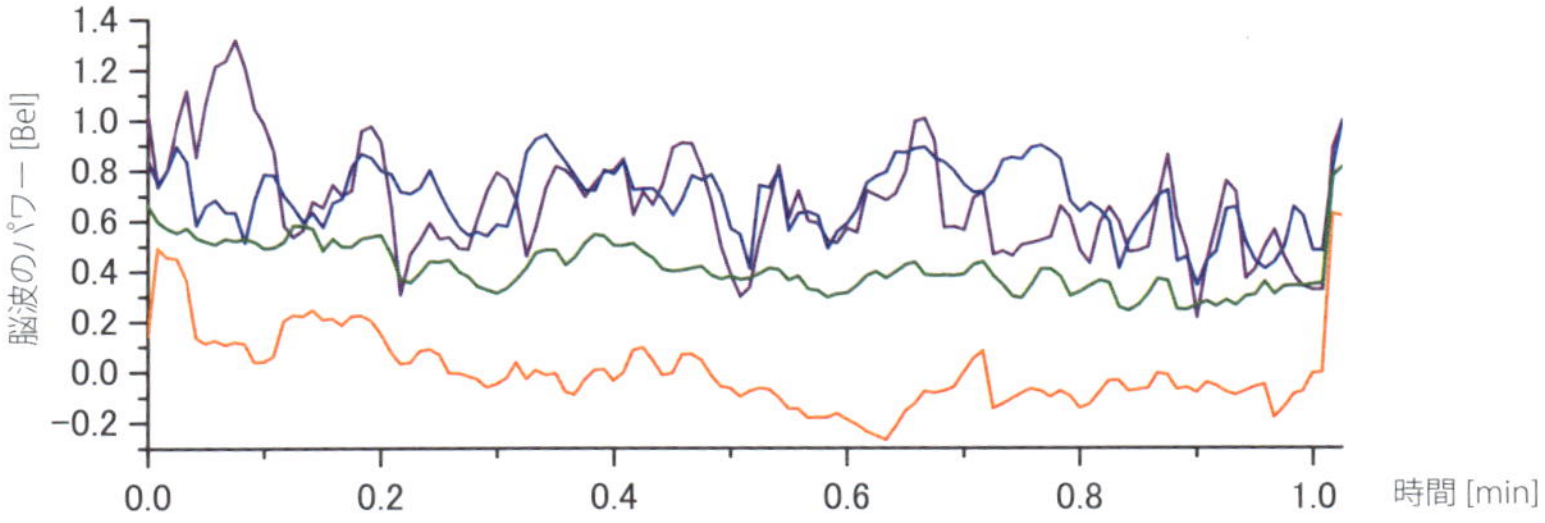

◎図 5 (d) . 吉良氏 演奏クーゲル（手＋音階）

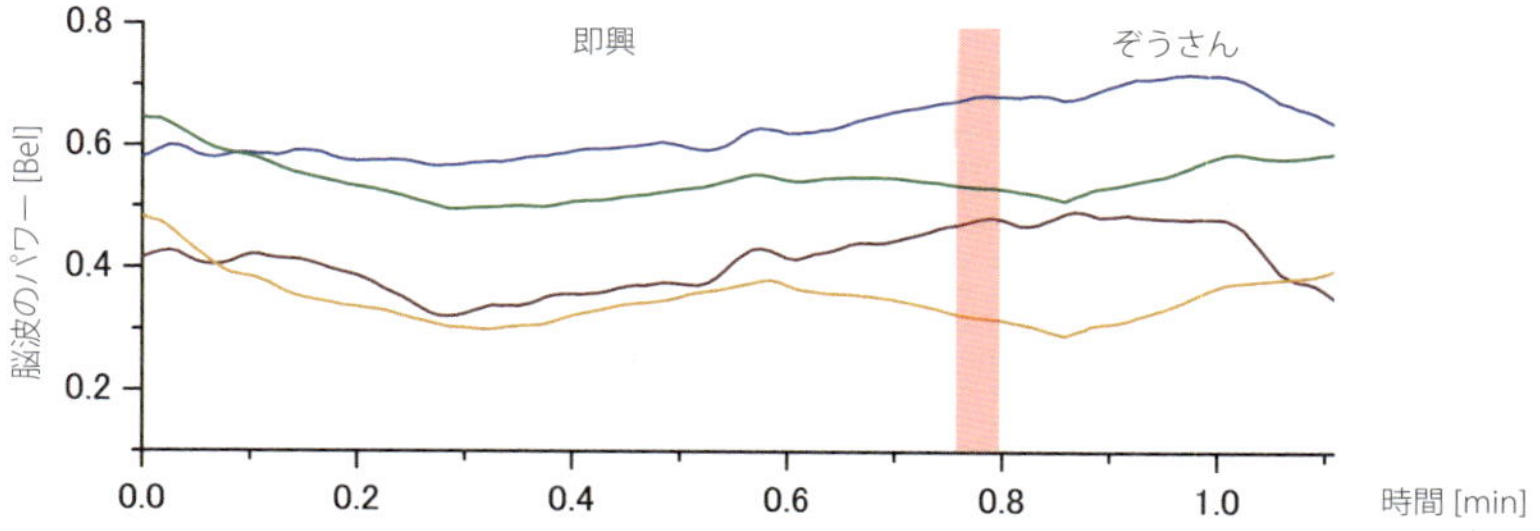

図6(a). 吉良氏 演奏 グロッケン

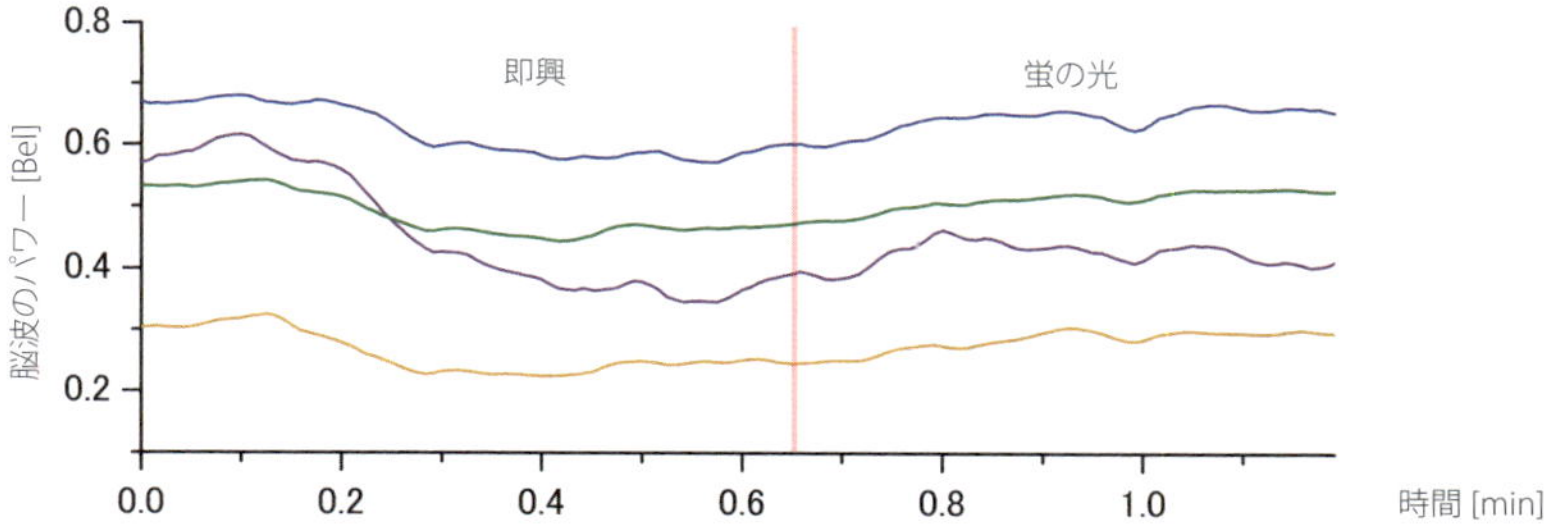

図6(b). 吉良氏 演奏 木琴

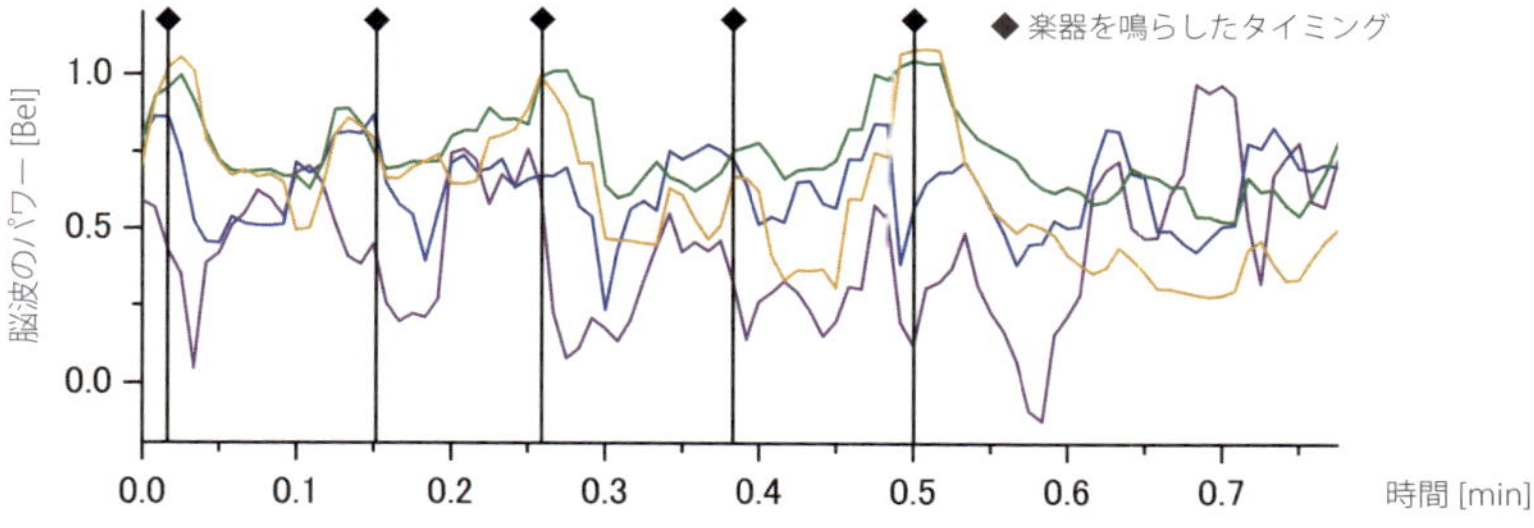

◎図7(a). 吉良氏 演奏 フィンガーシンバル

生体信号モニタリング図

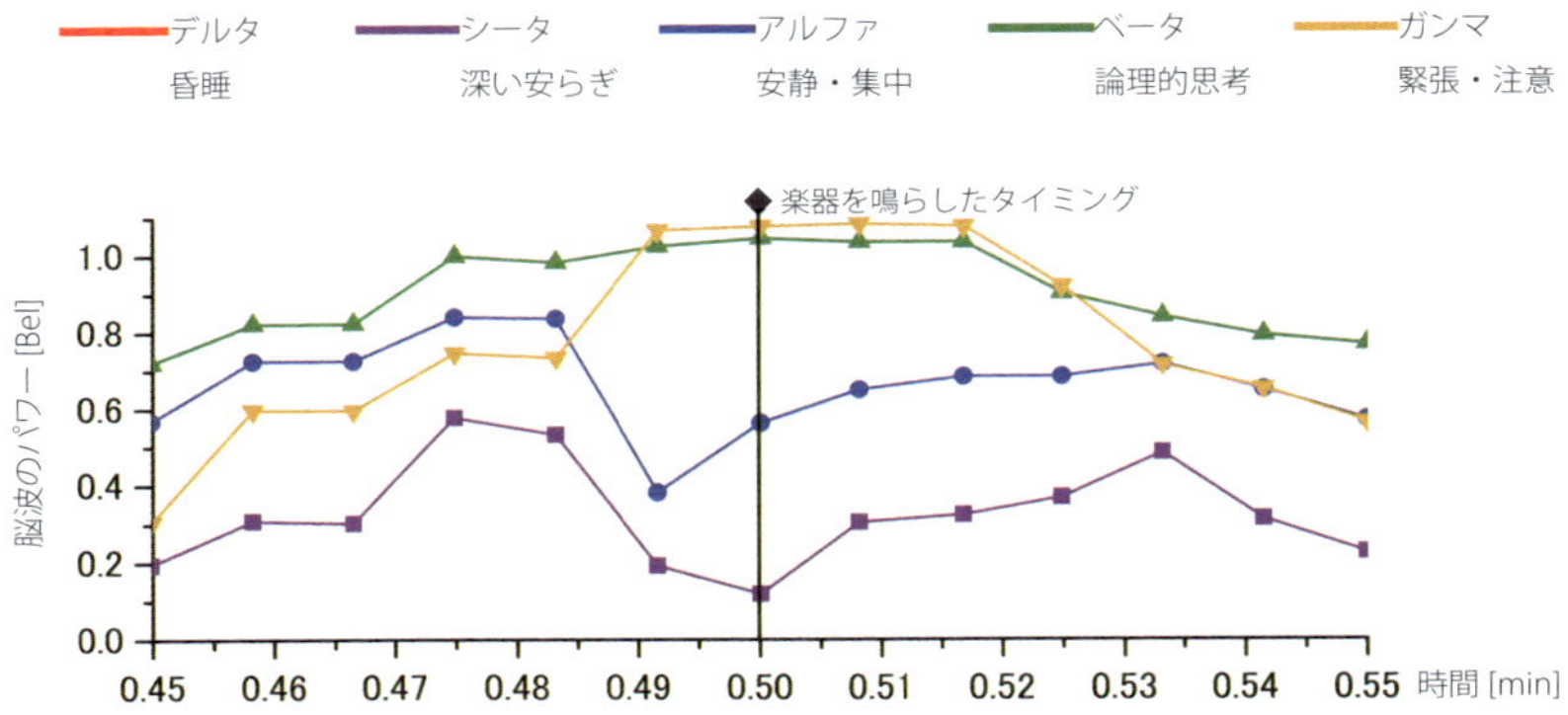

◎図 7 (b) . 吉良氏 演奏 (フィンガーシンバル)0.5 min 前後の時間スケール拡大

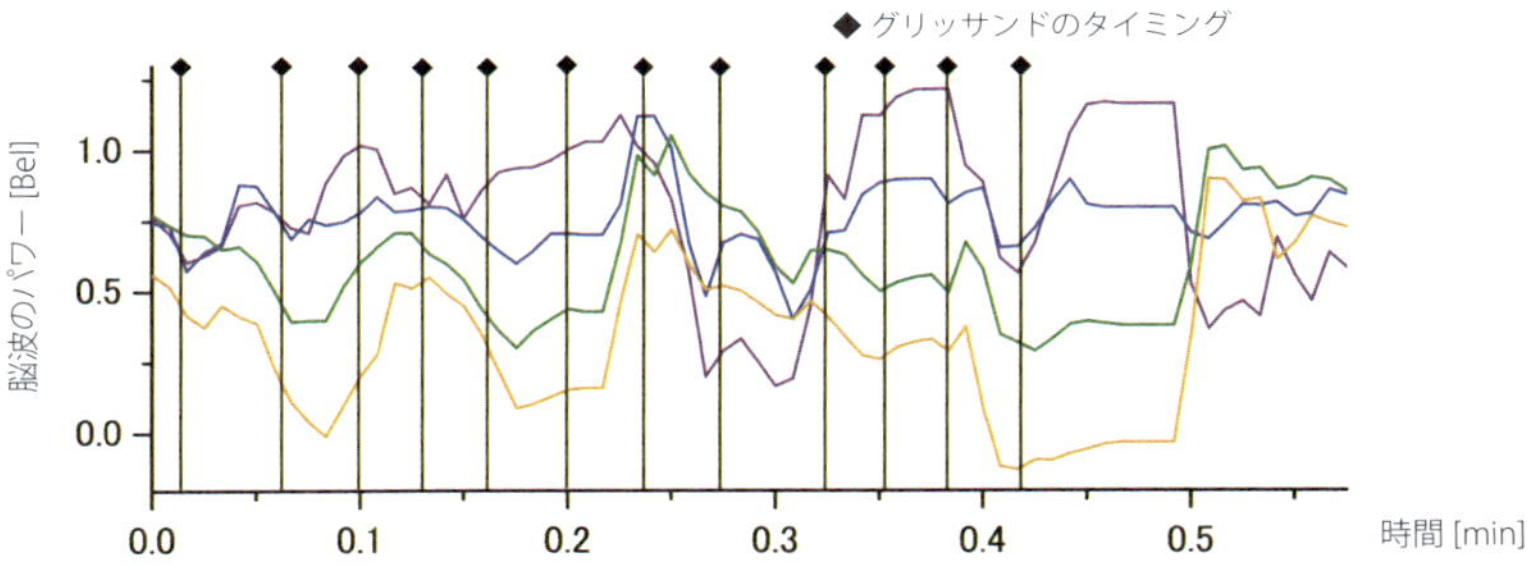

◎図 8 . 吉良氏 演奏 (アルトライアー・グリッサンド)

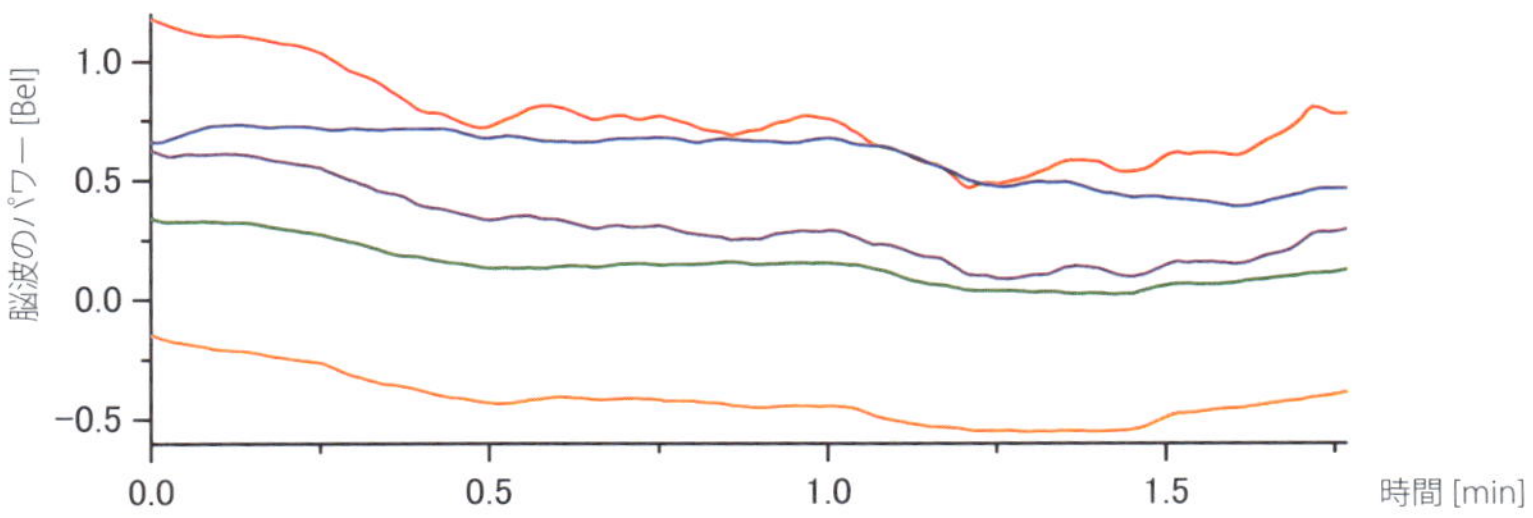

図 10(a) . 瞑想 演奏者

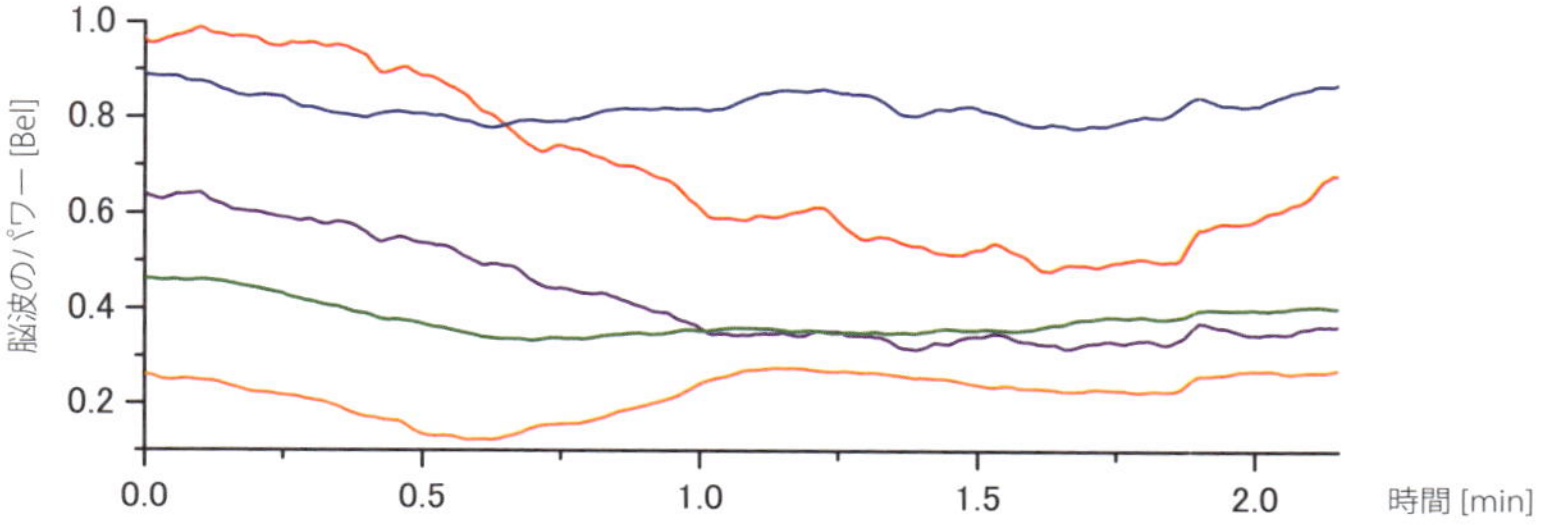

図 10(b). 瞑想 聴き手

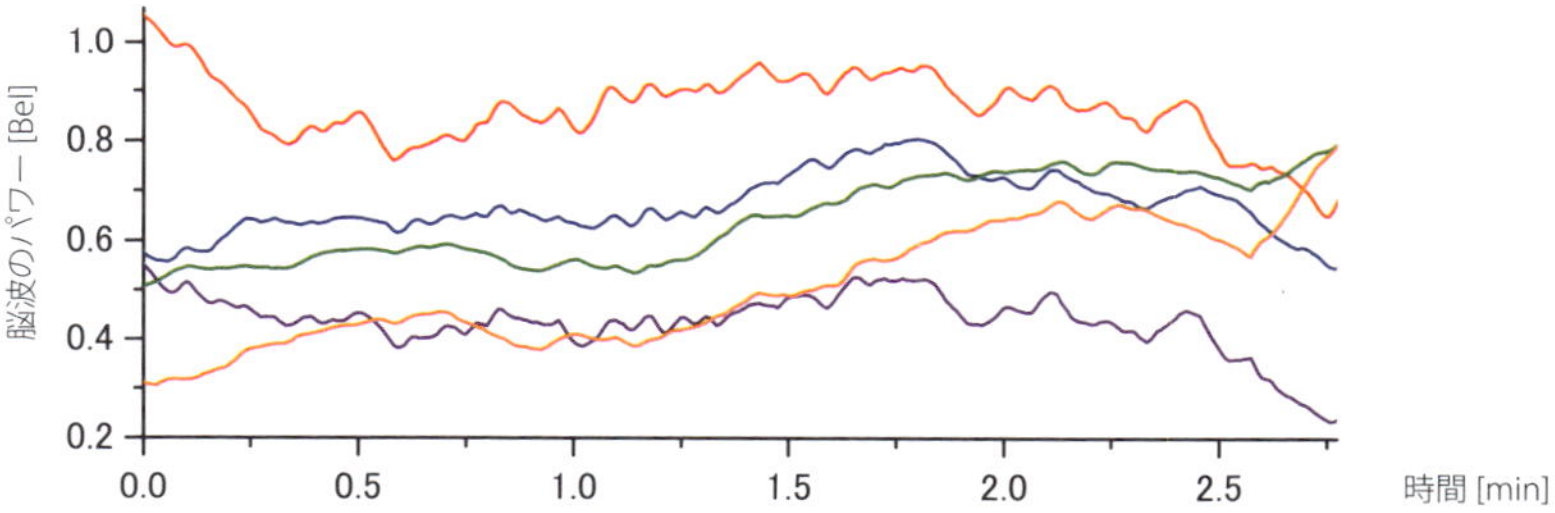

図 11(a). ライアー（難しい曲）演奏者（ライアー 1）

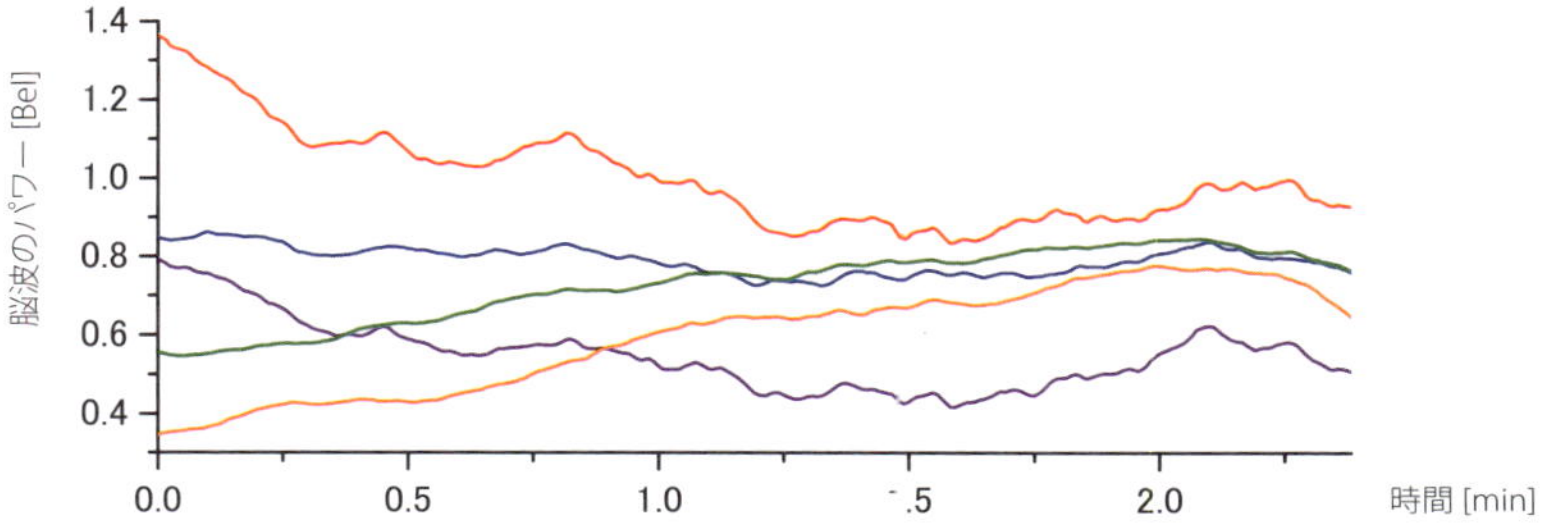

図 11(b). ライアー（難しい曲）演奏者（ライアー 2）

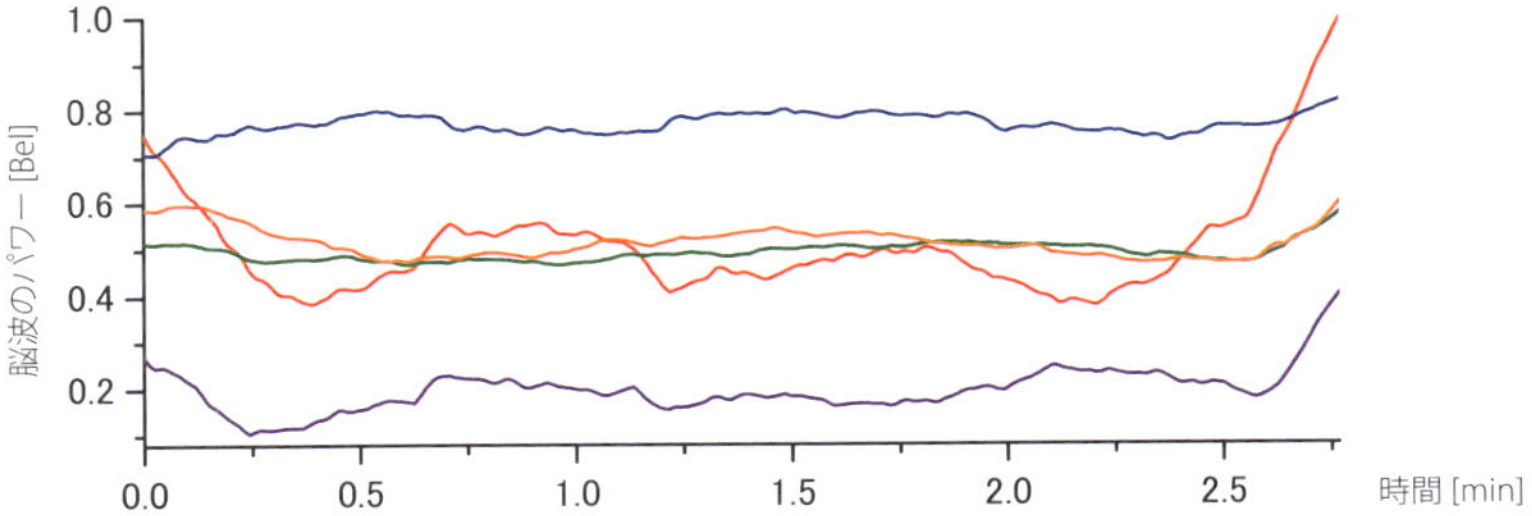

図 11(c). ライアー（難しい曲）聴き手（ライアー 1）

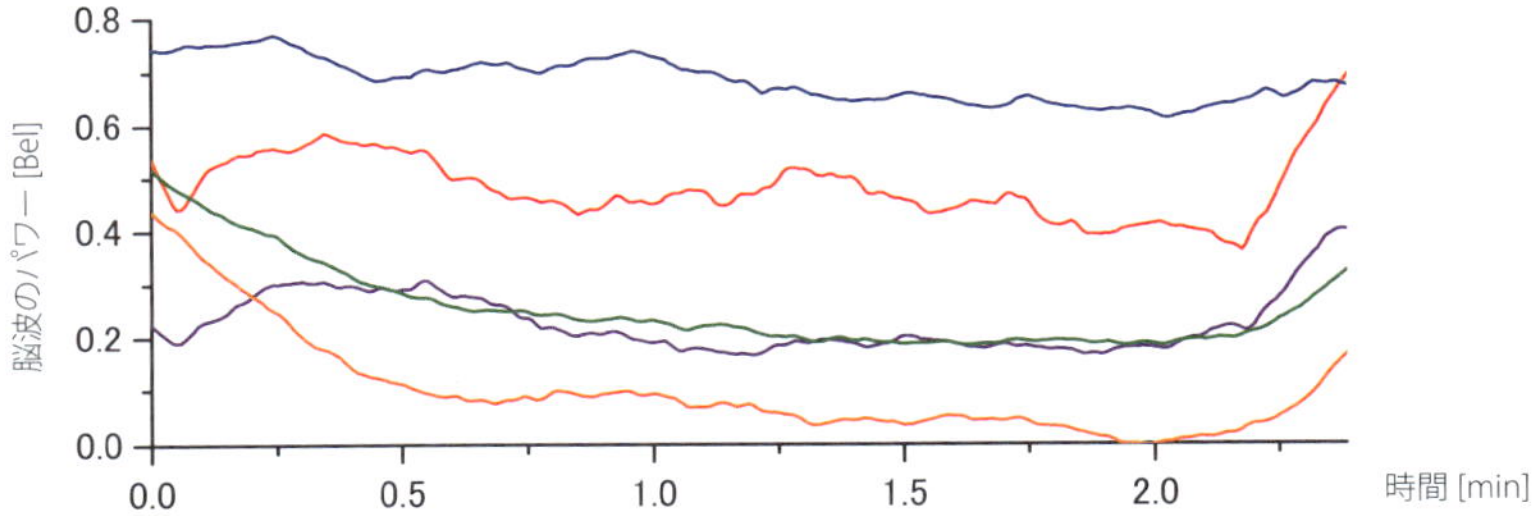

図 11(d). ライアー（難しい曲）聴き手（ライアー 2）

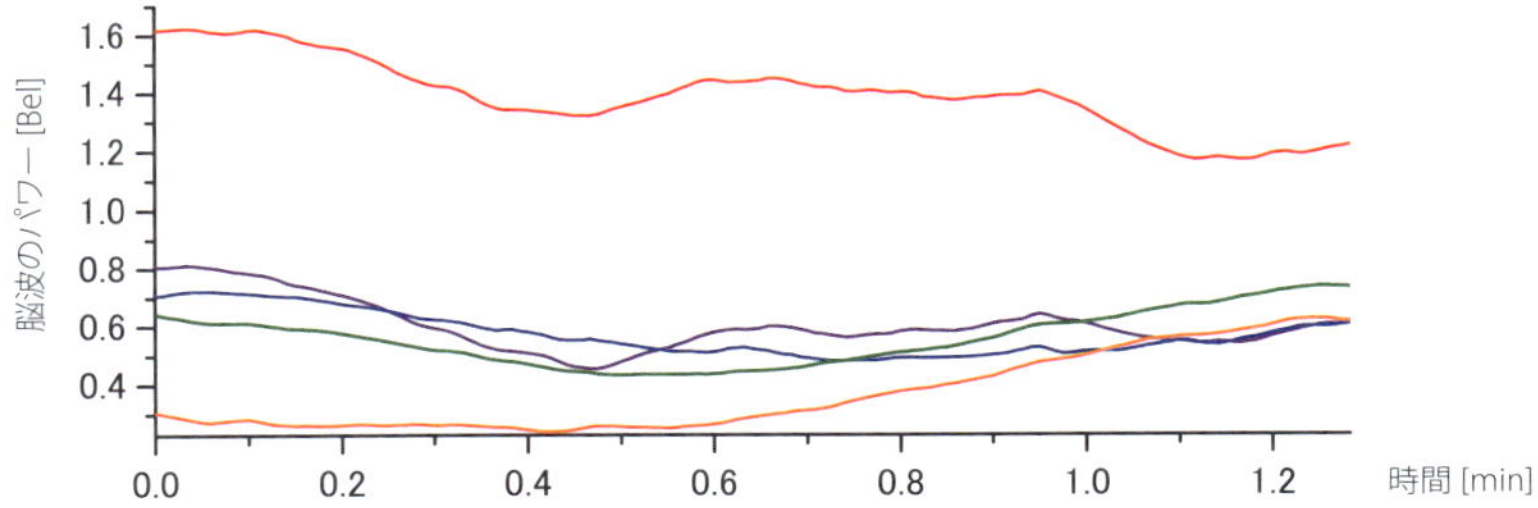

図 12(a). ライアー（簡単な曲）演奏者（ライアー 3）

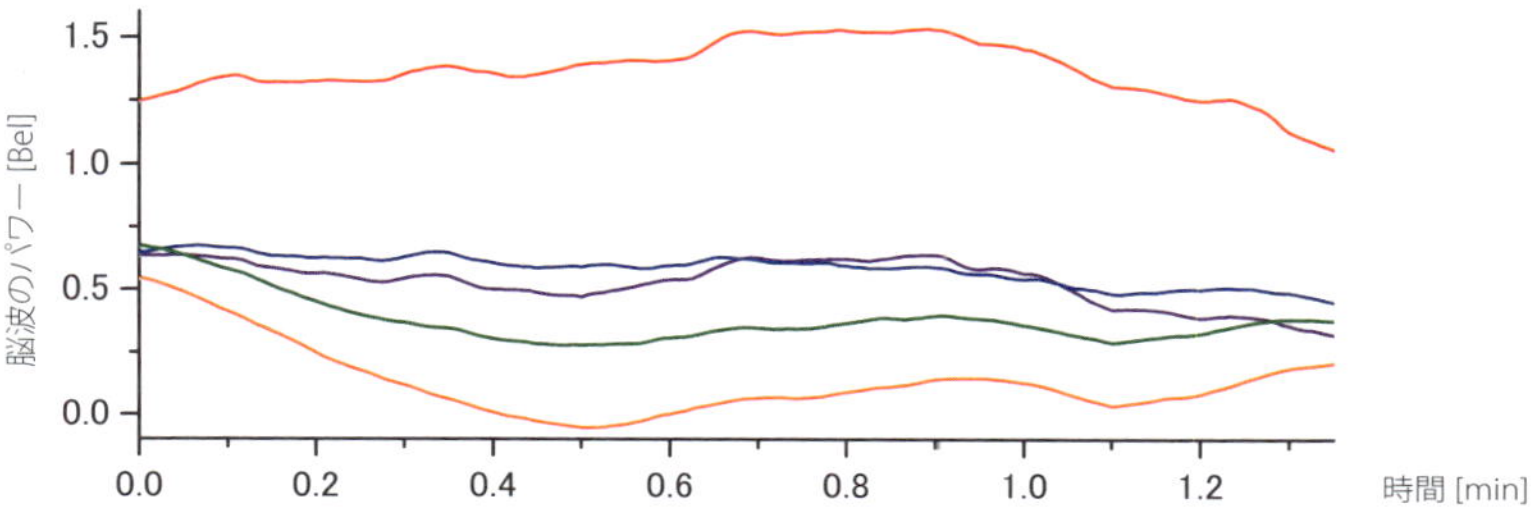

図 12(b). ライアー（簡単な曲）演奏者（ライアー 4）

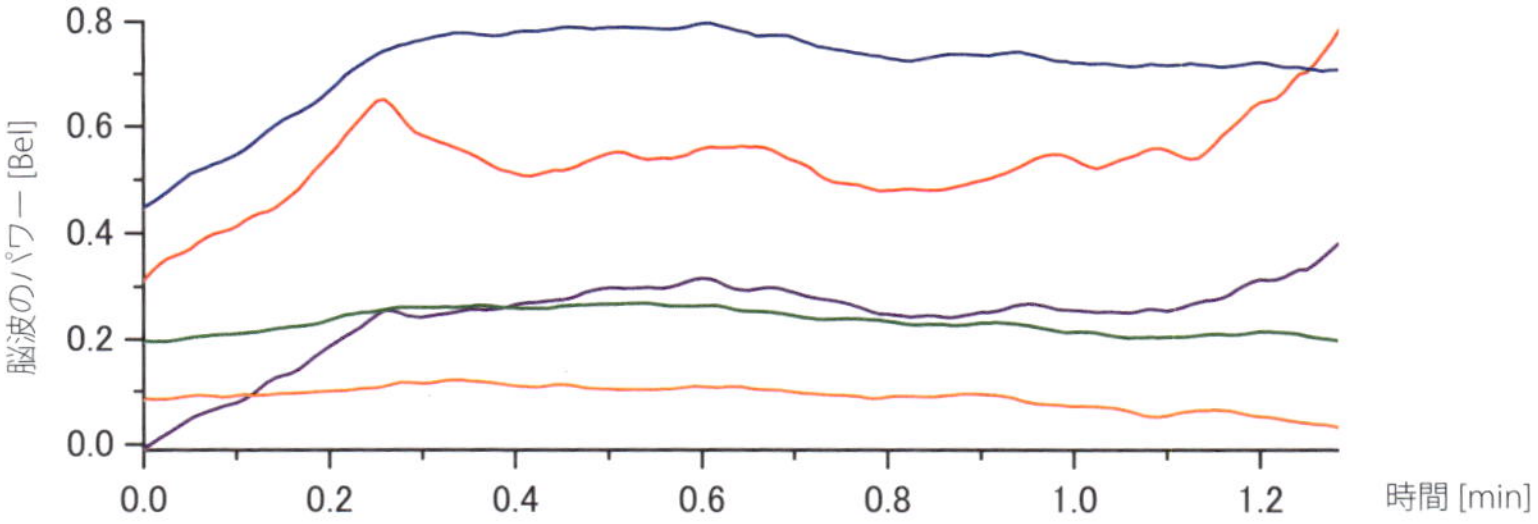

図 12(c). ライアー（簡単な曲）聴き手（ライアー 3）

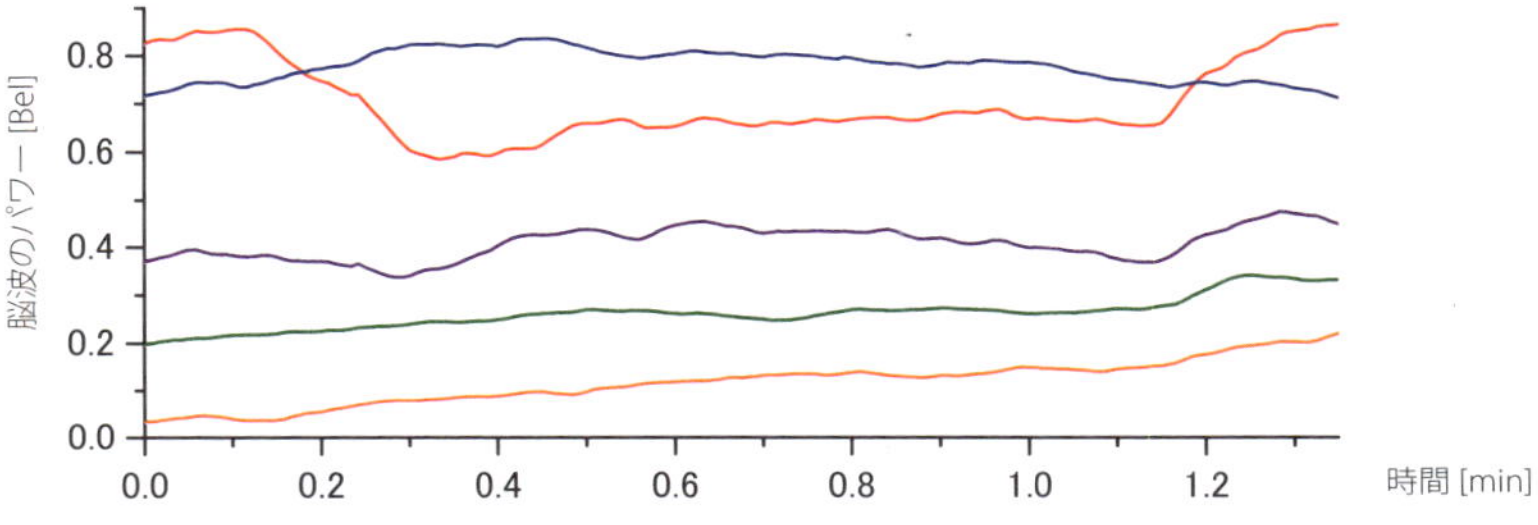

図 12(d). ライアー（簡単な曲）聴き手（ライアー 4）

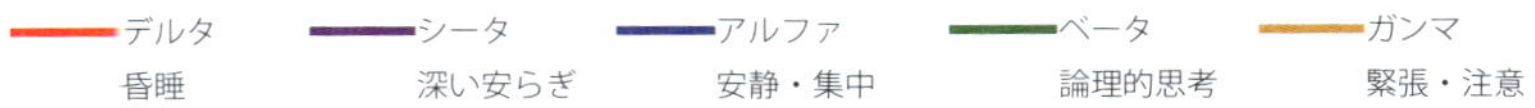

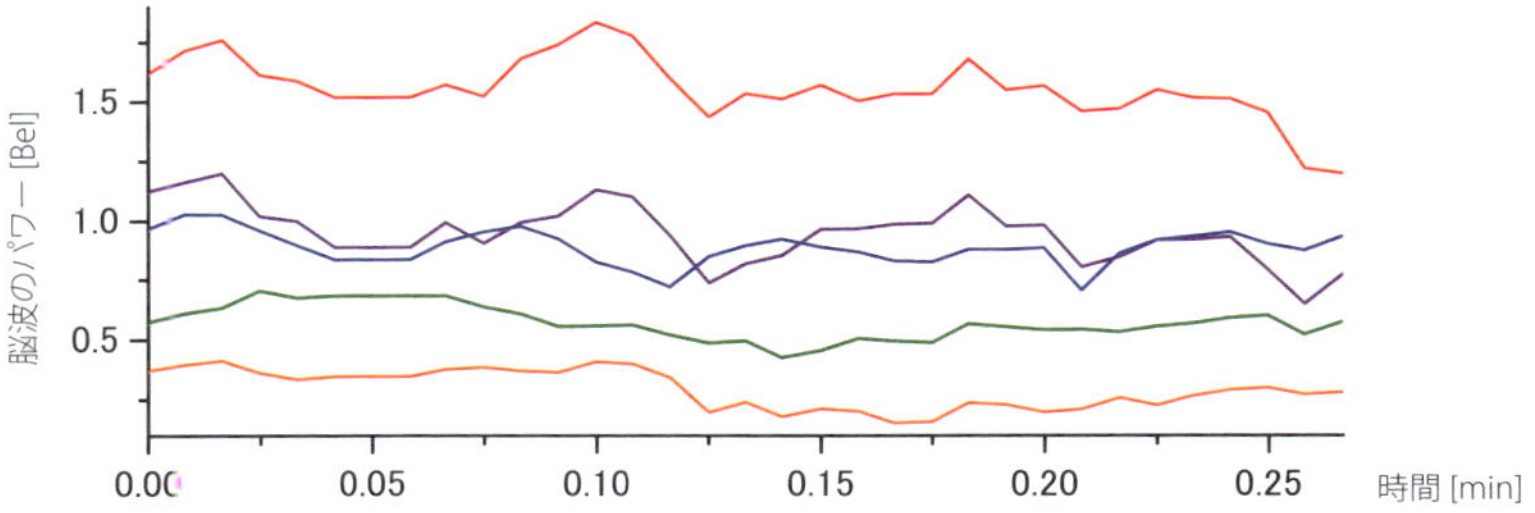

図 13(a). ライアー 演奏者（ライアー 2：グリッサンド）

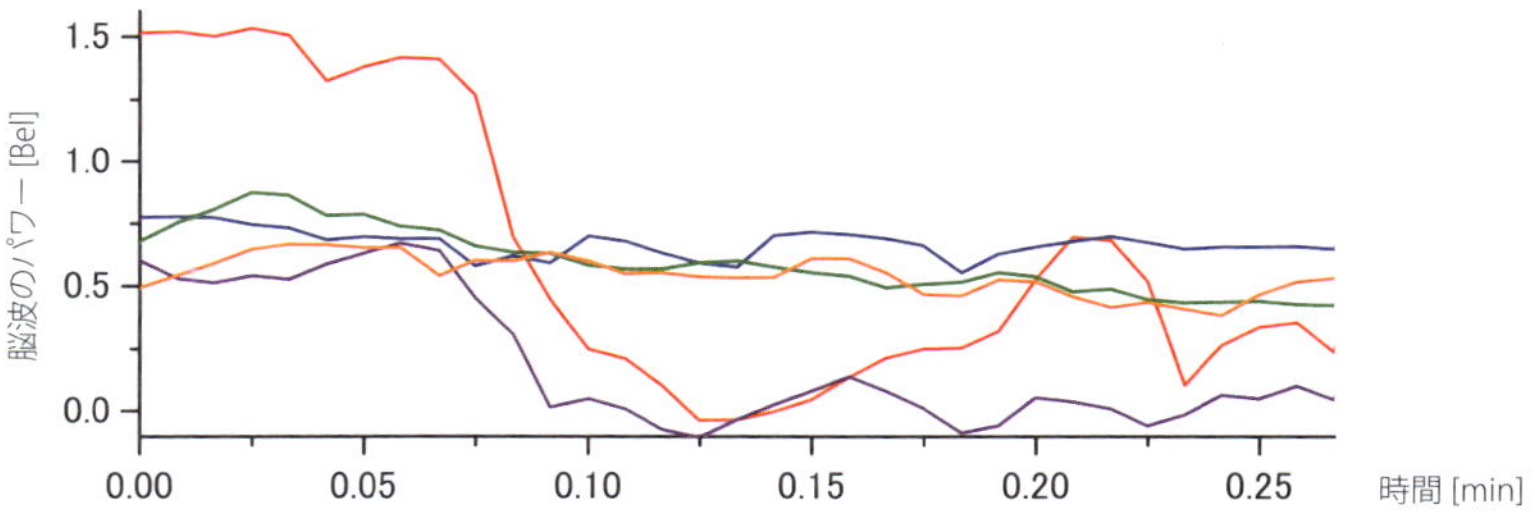

図 13(b). ライアー聴き手（ライアー 2：グリッサンド）

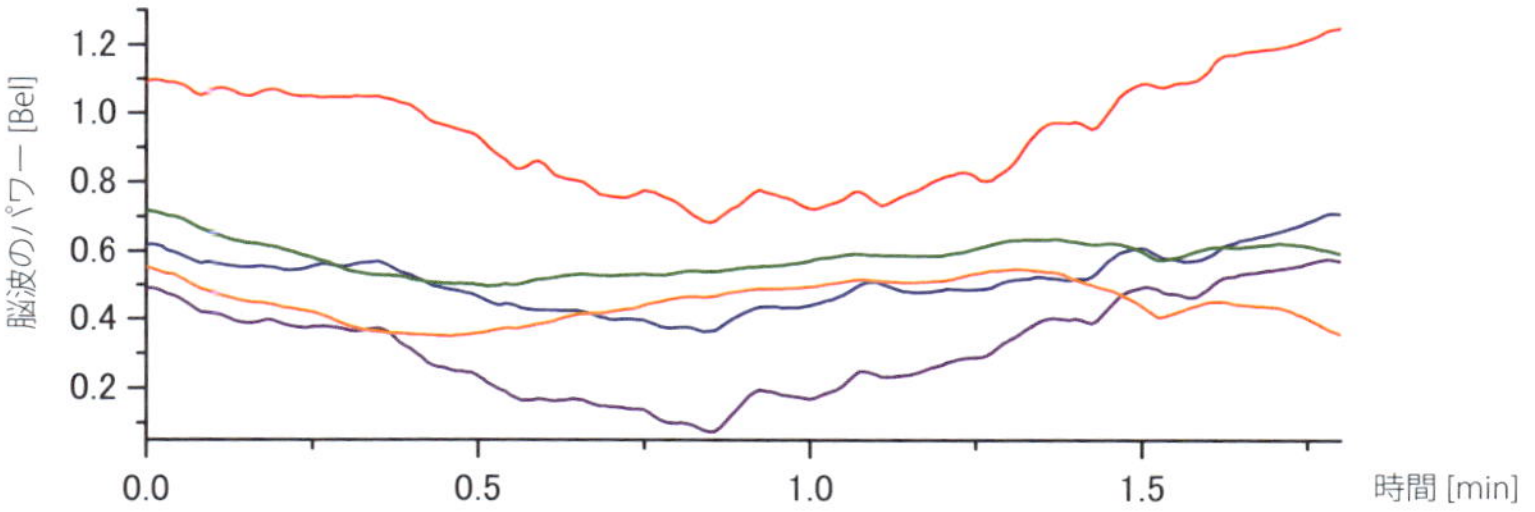

図 14(a). 演奏者（グロッケン）

吉良氏オリジナル曲 演奏時の脳波

（昼食時に「ごちそうさま」の挨拶前に演奏）

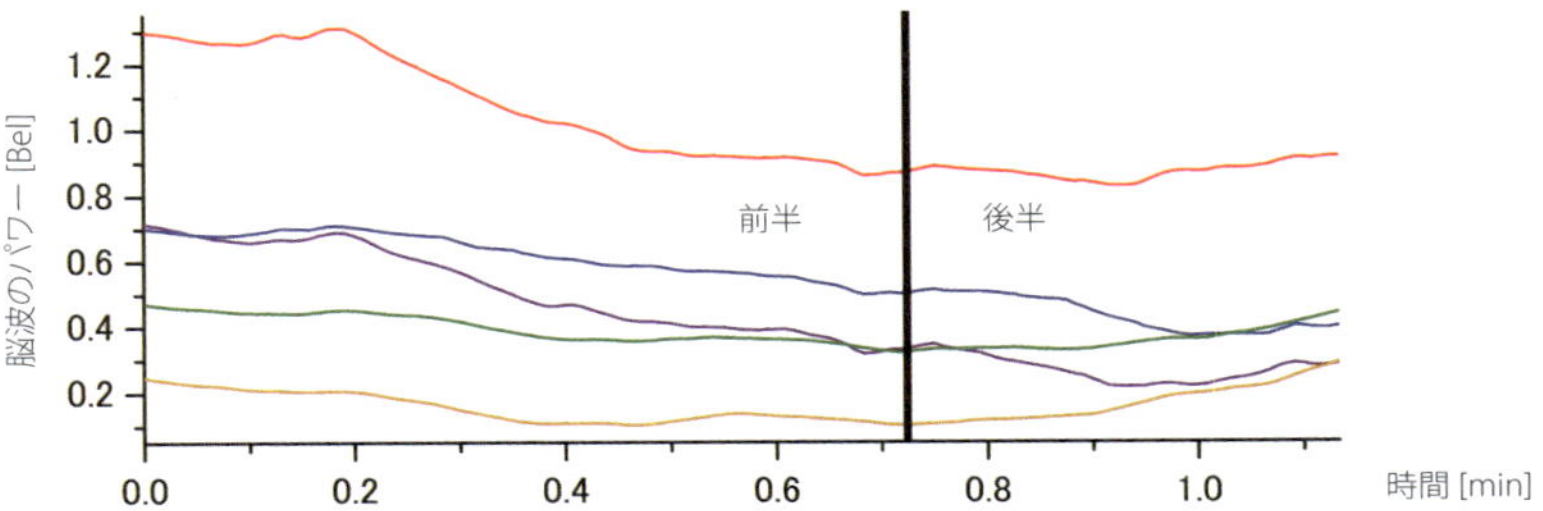

図 14(b). 演奏者（木琴）

前半：即興

後半：吉良氏作曲「おはよう」

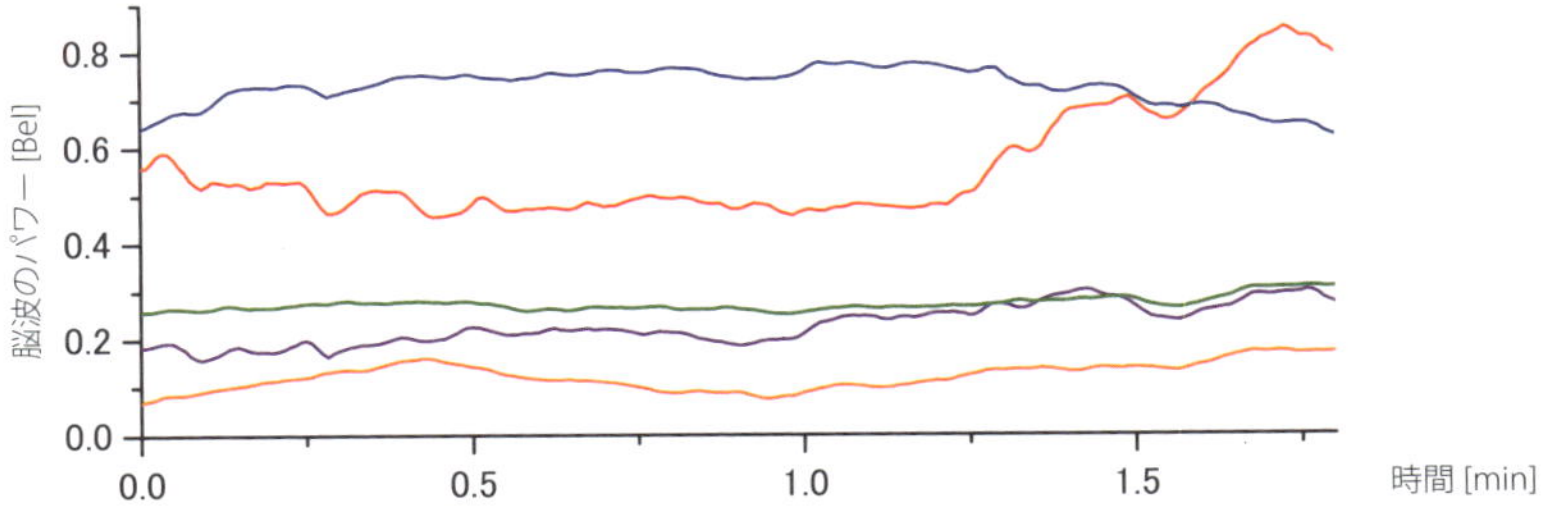

図 14(c). 聴き手（グロッケン）

吉良氏オリジナル曲 演奏時の脳波

（昼食時に「ごちそうさま」の挨拶前に演奏）

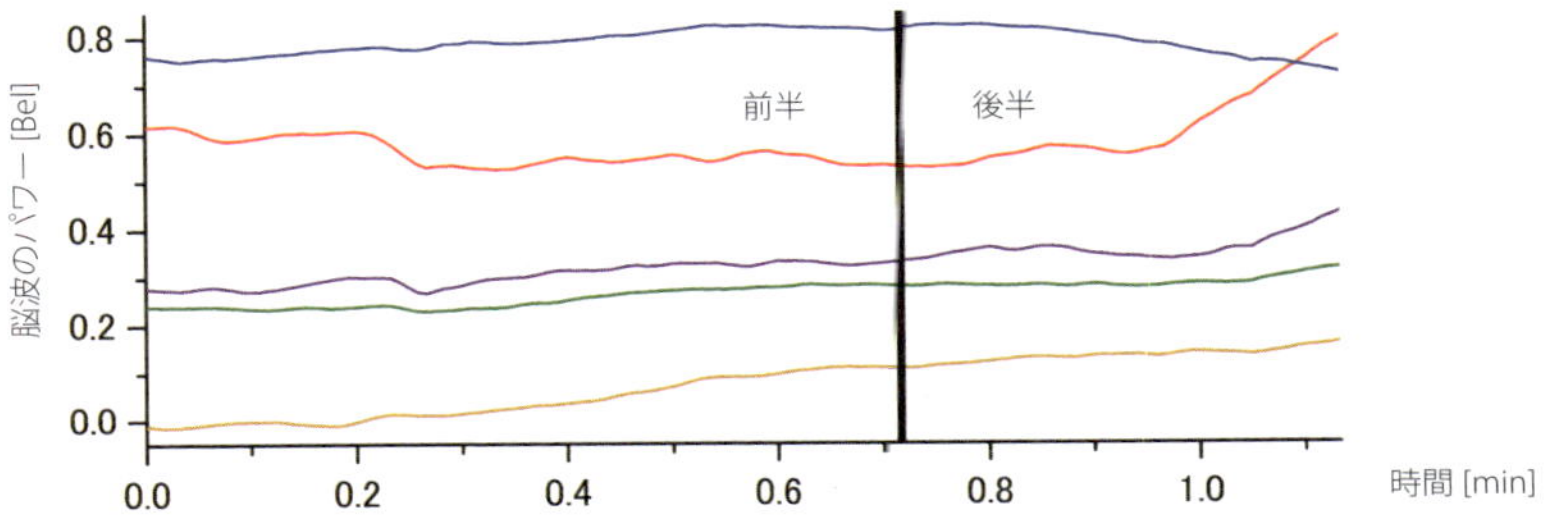

図 14(d). 聴き手（木琴）

前半：即興

後半：吉良氏作曲「おはよう」

生体信号モニタリング図

デルタ 昏睡　シータ 深い安らぎ　アルファ 安静・集中　ベータ 論理的思考　ガンマ 緊張・注意　小休止

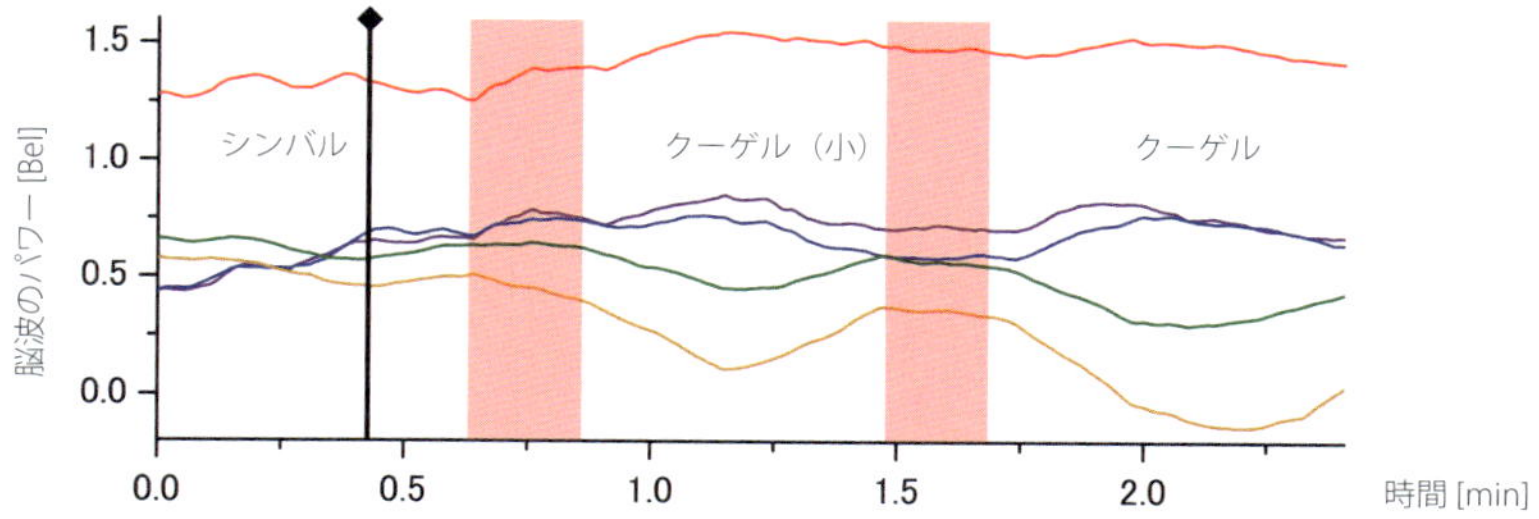

図 15(a). フィンガーシンバル、ムジーククーゲル 演奏者

◆が最後にフィンガーシンバルを叩いたタイミングで、以降は余韻を聴いている状態
開始から◆までは任意のタイミングで、シンバルが叩かれている

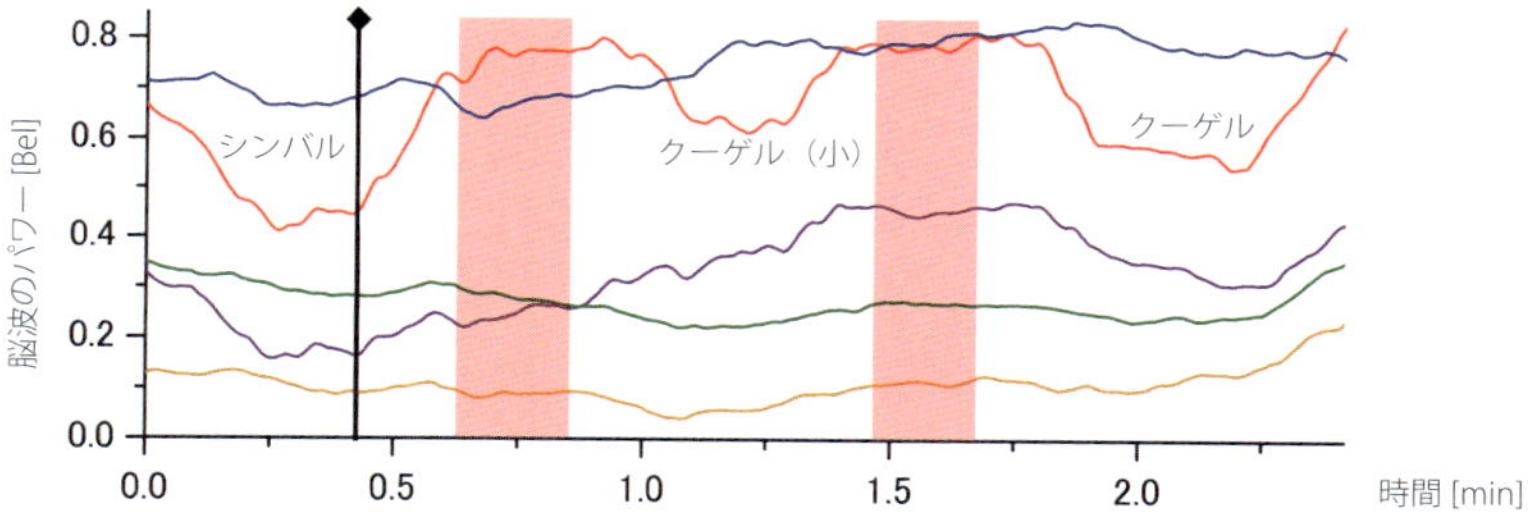

図 15(b). フィンガーシンバル、ムジーククーゲル 聴き手

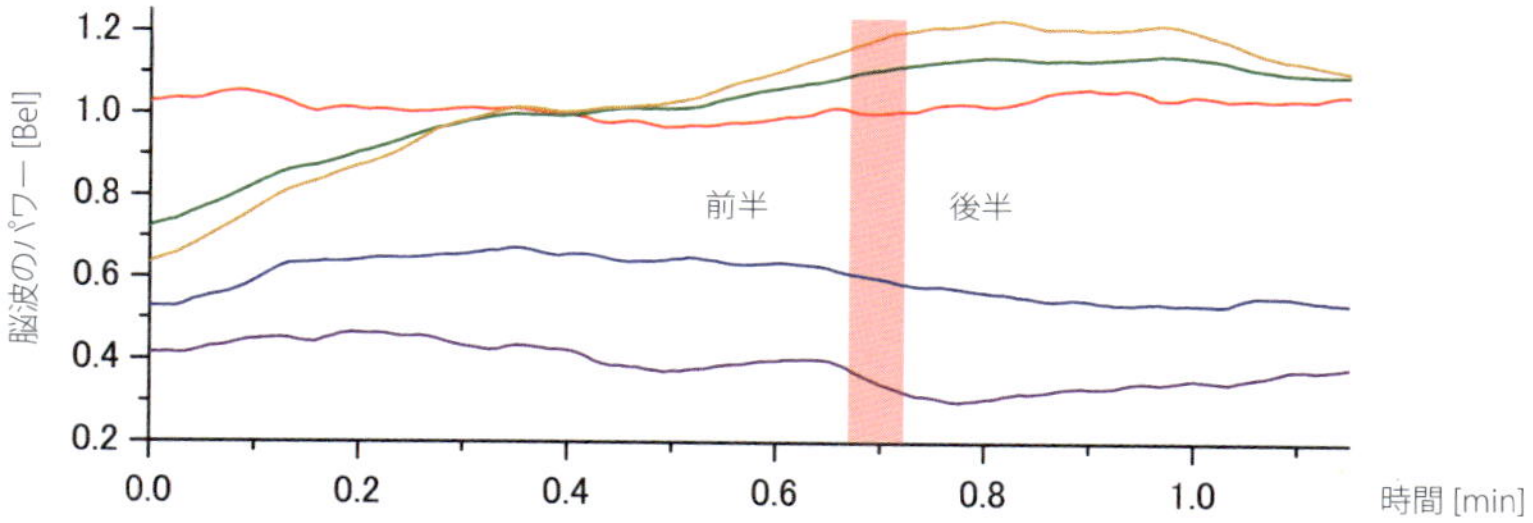

図 16(a). コロイの笛 演奏者

前半：即興
後半：アロイス・キュンストラー作曲「おひさまのうた」

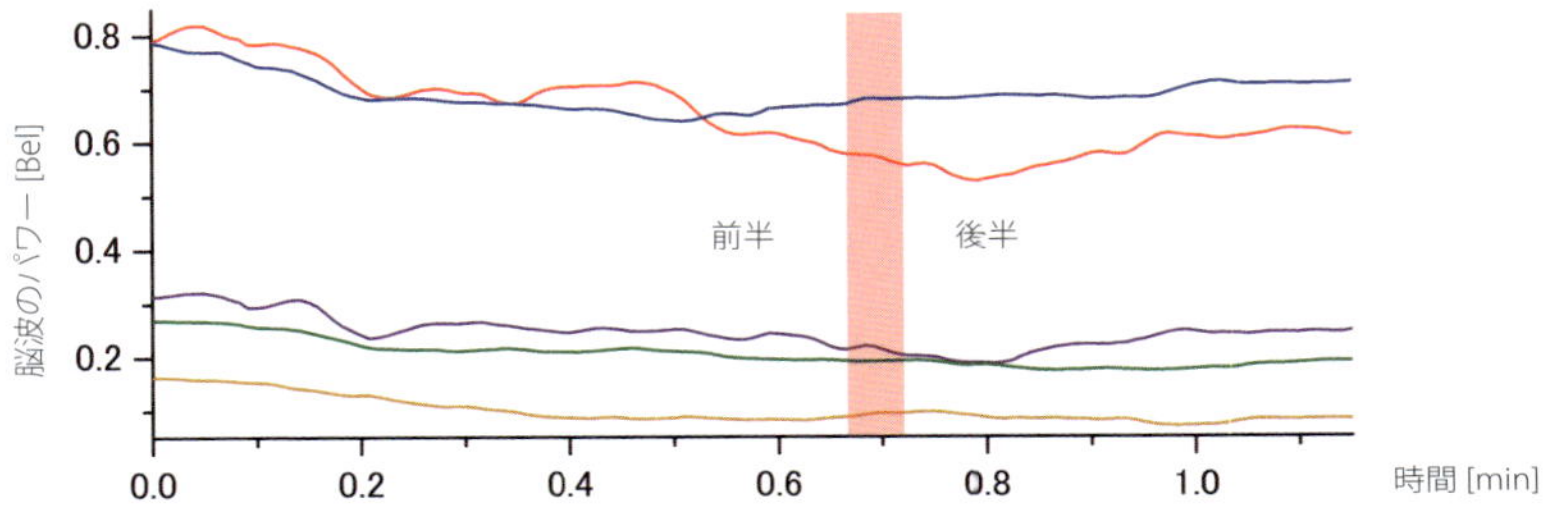

図 16(b). コロイの笛 聴き手

前半：即興

後半：アロイス・キュンストラー作曲「おひさまのうた」

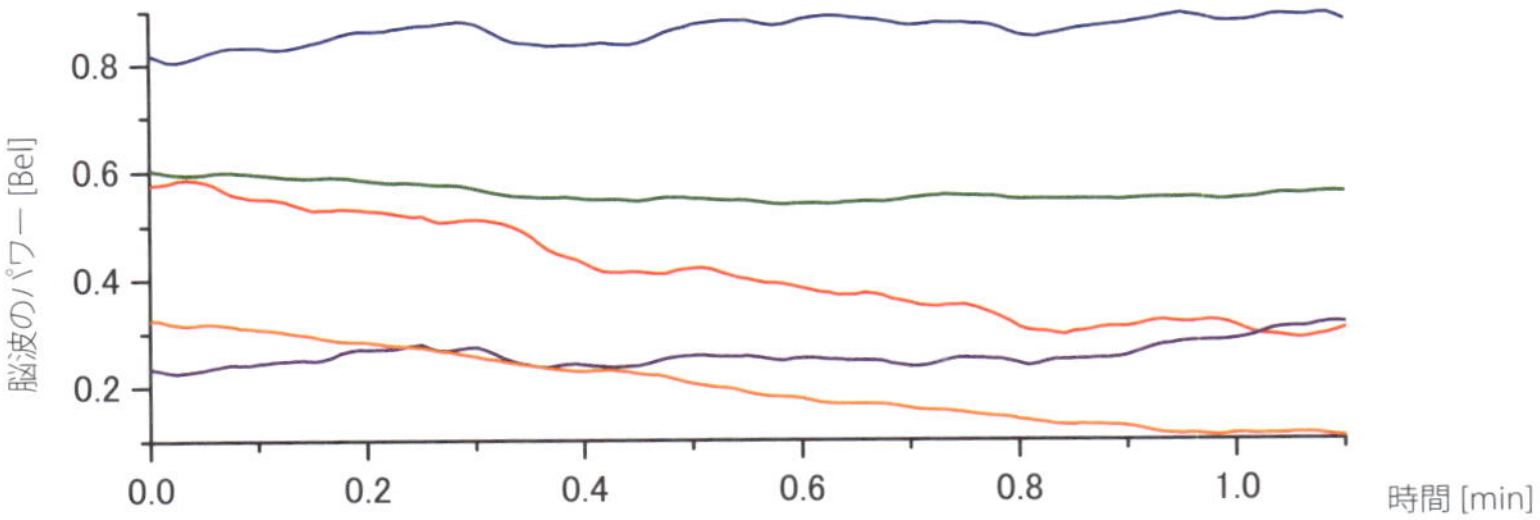

図 17(a). 瞑想 (竹田氏) (2/16)

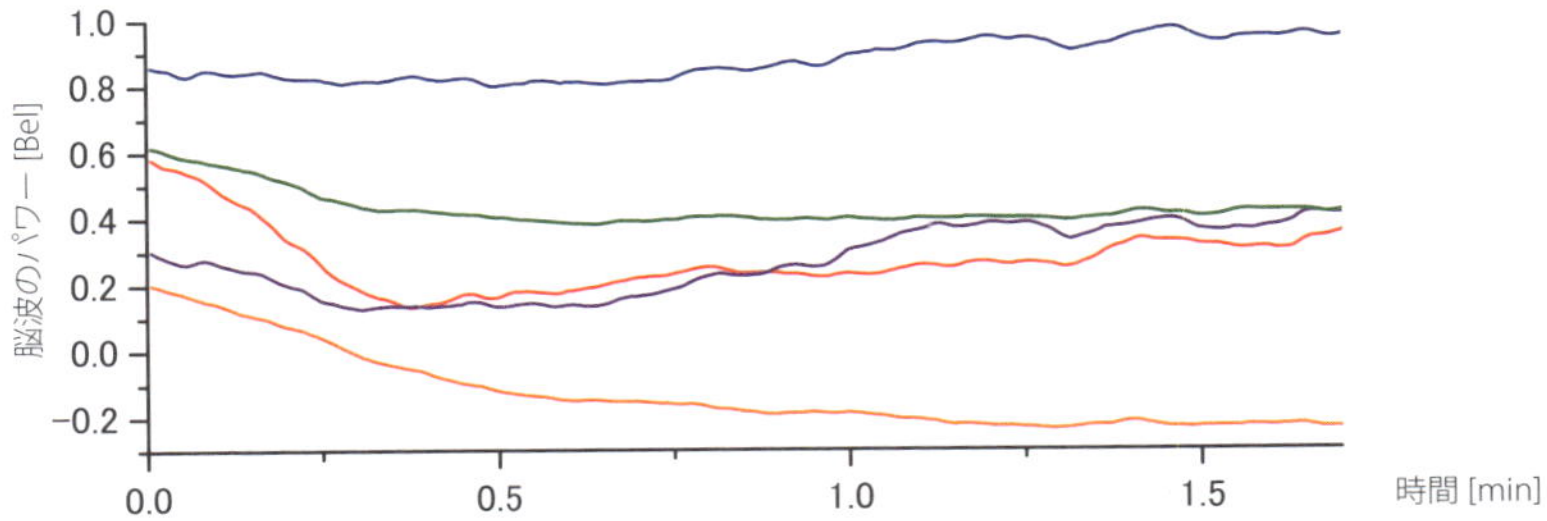

図 17(b). 瞑想 (竹田氏) (8/16)

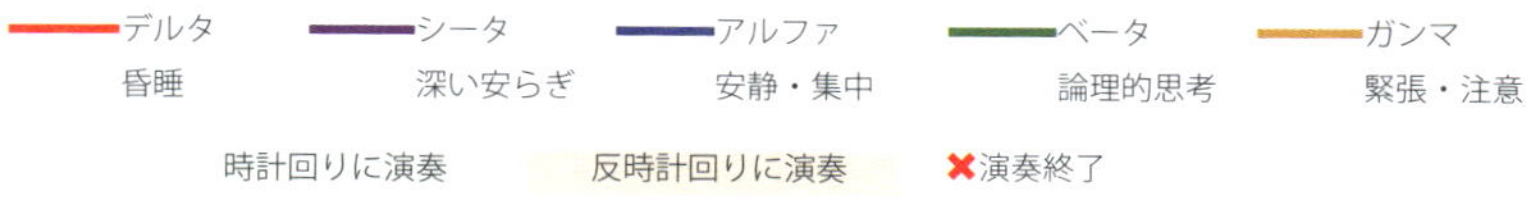

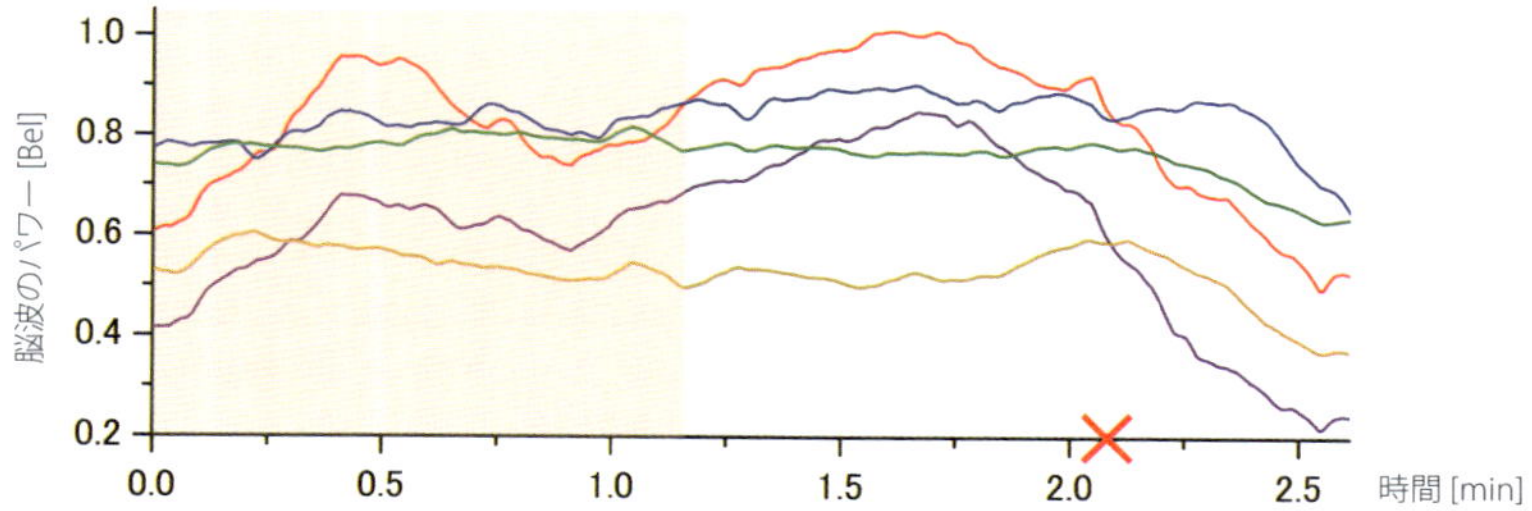

図 18(a). タムタム初回の演奏（2/16）

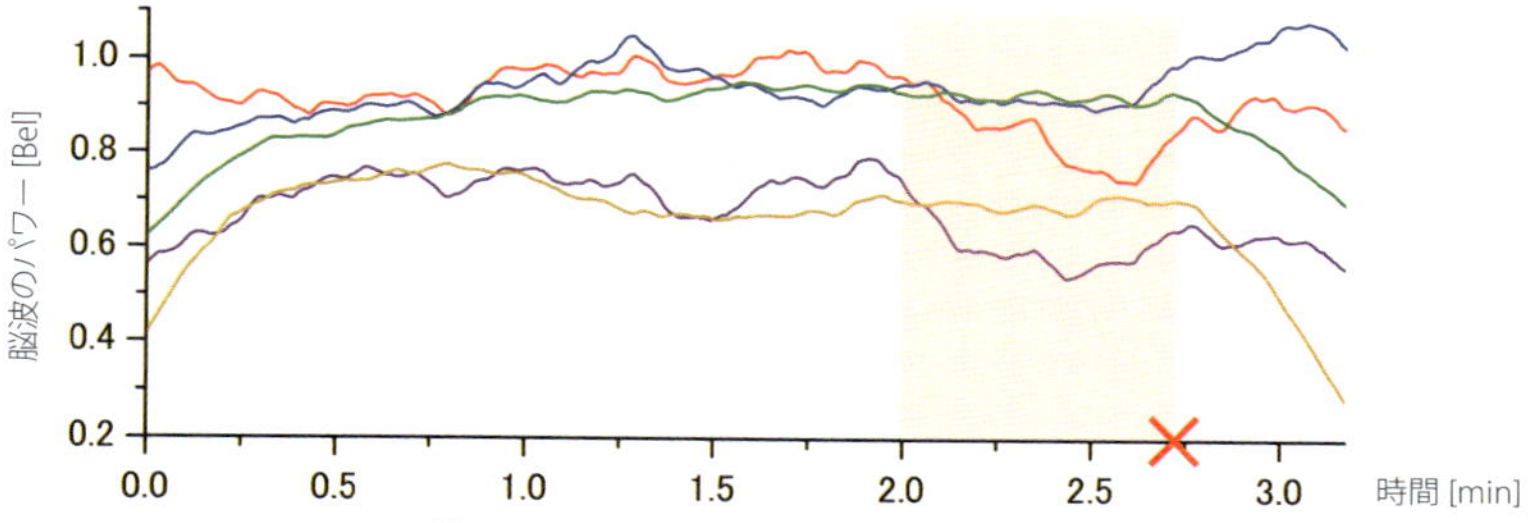

図 18(b). タムタム初回の演奏（8/16）

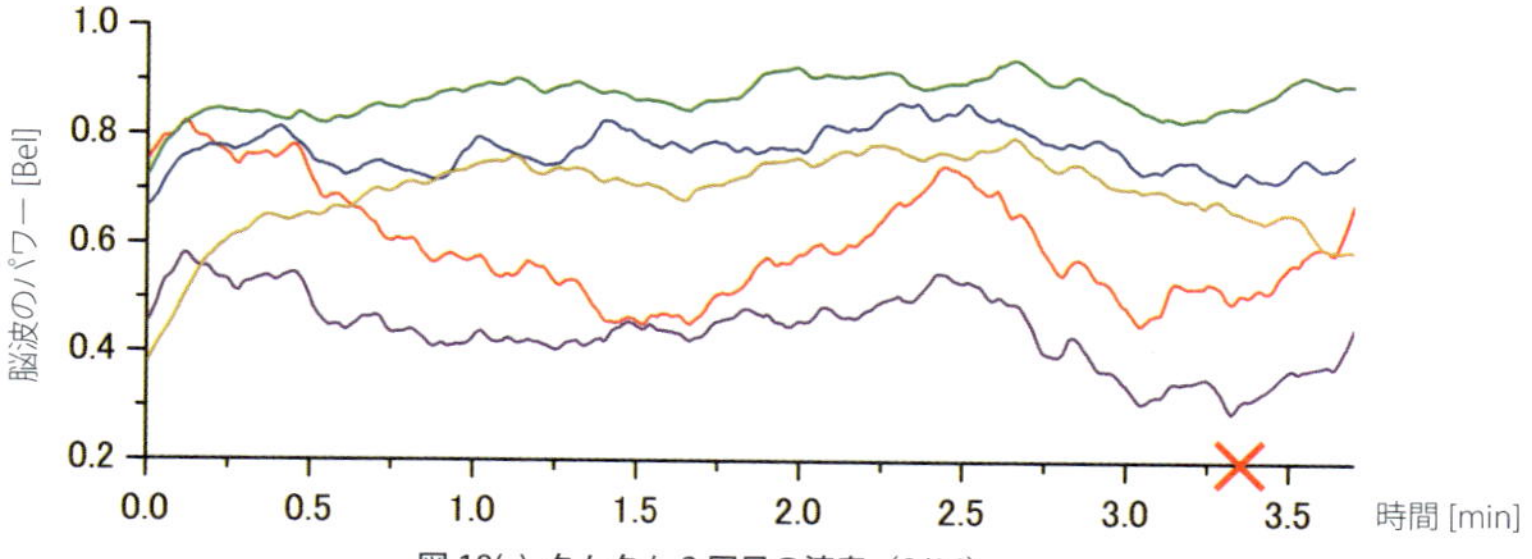

図 18(c). タムタム 2 回目の演奏（8/16）

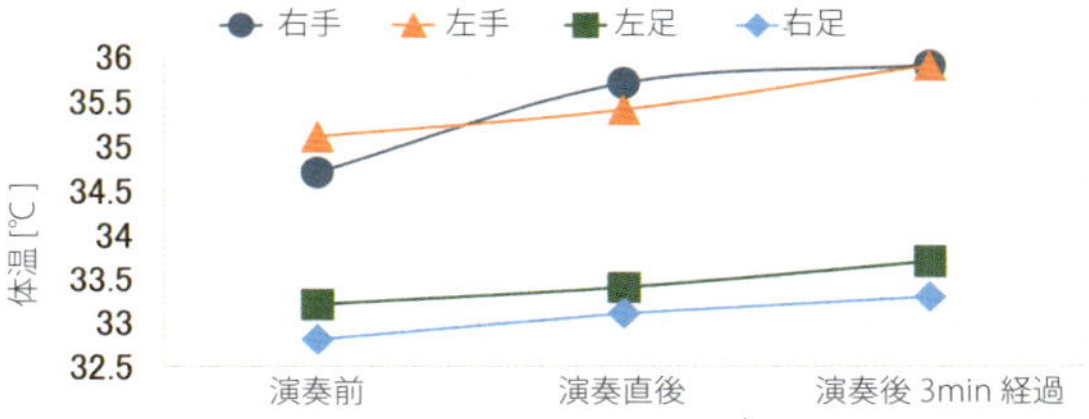

図 18(d). タムタム演奏前後の体温（2 回目の演奏）

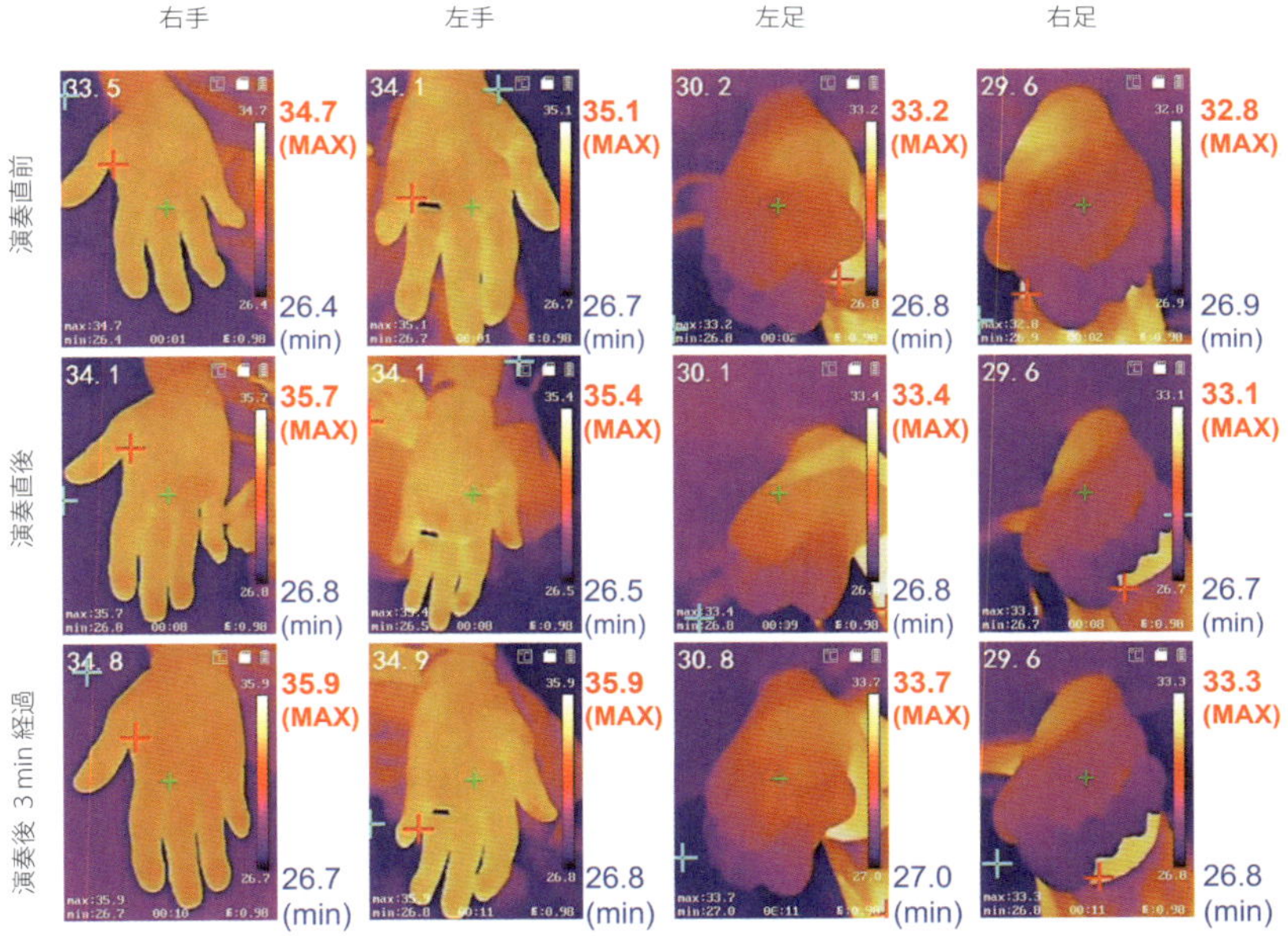

図 19. タムタム演奏前後の熱分布画像 (竹田氏)

デルタ　シータ　アルファ　ベータ　ガンマ

昏睡　深い安らぎ　安静・集中　論理的思考　緊張・注意

時計回りに演奏　反時計回りに演奏　✖演奏終了

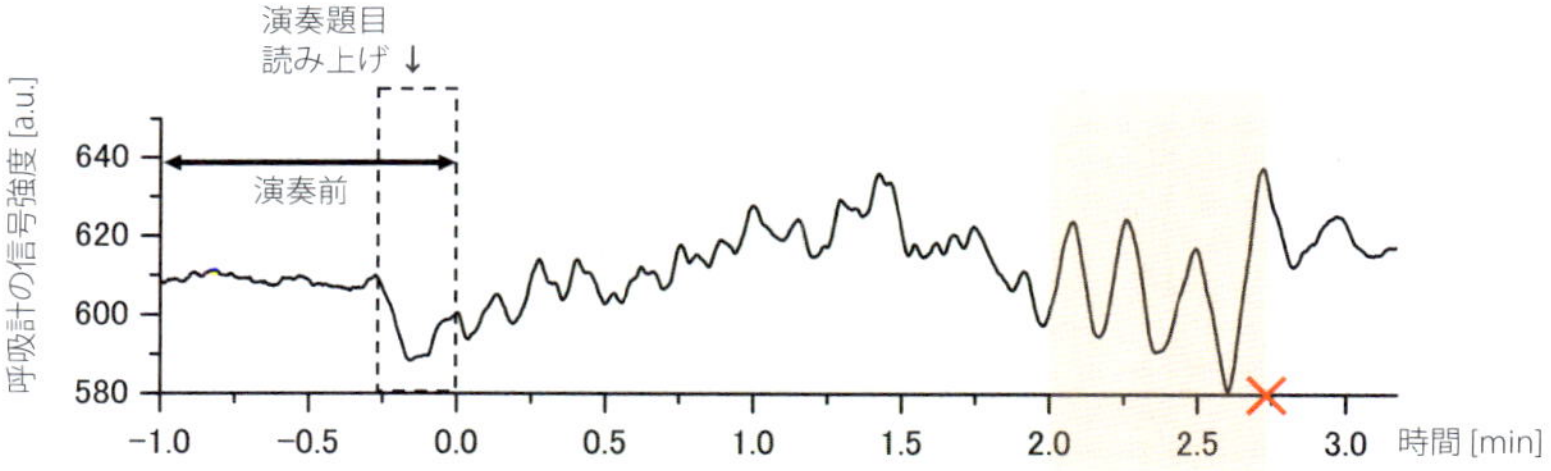

図 20(a). タムタム初回演奏時の呼吸パターン（8/16）

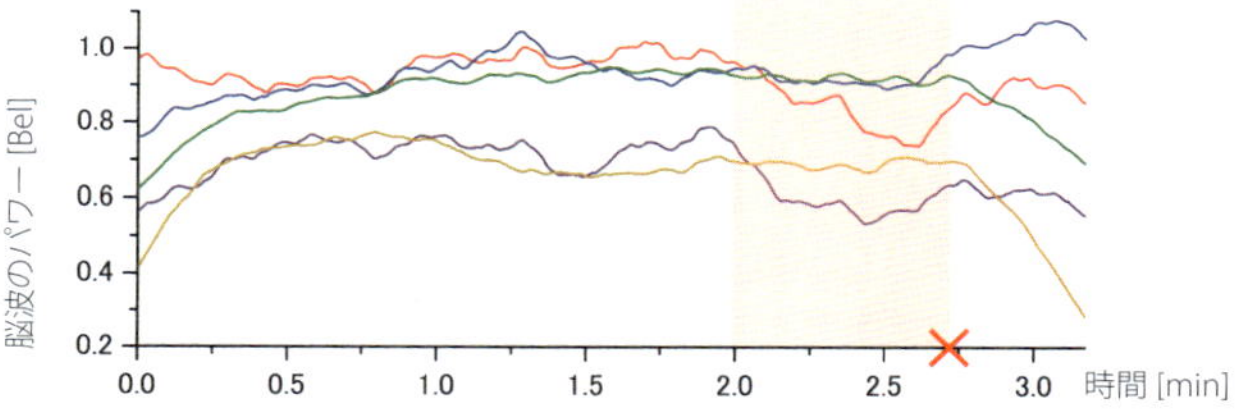

図 20(b). タムタム初回演奏時の脳波（8/16）

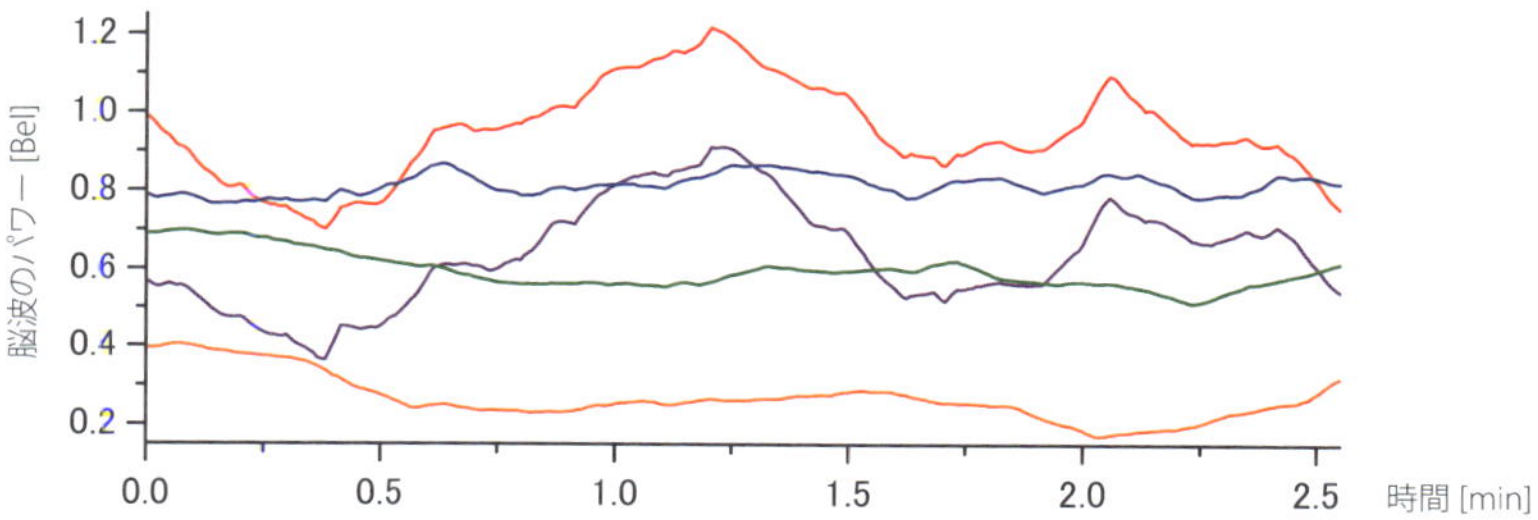

図 21(a). ゴング青銅（8/16）

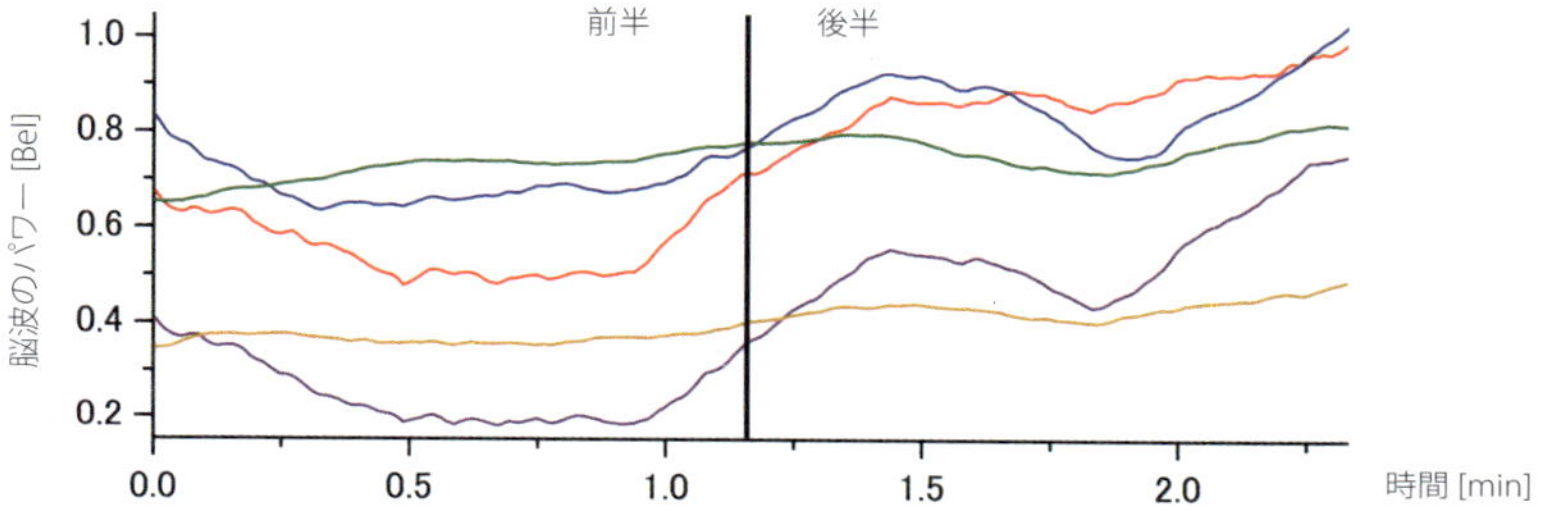

図 21(b). ゴング鉄（8/16）

前半：演奏することに意識を向けている状態
後半：演奏を聴くことに意識を向けている状態

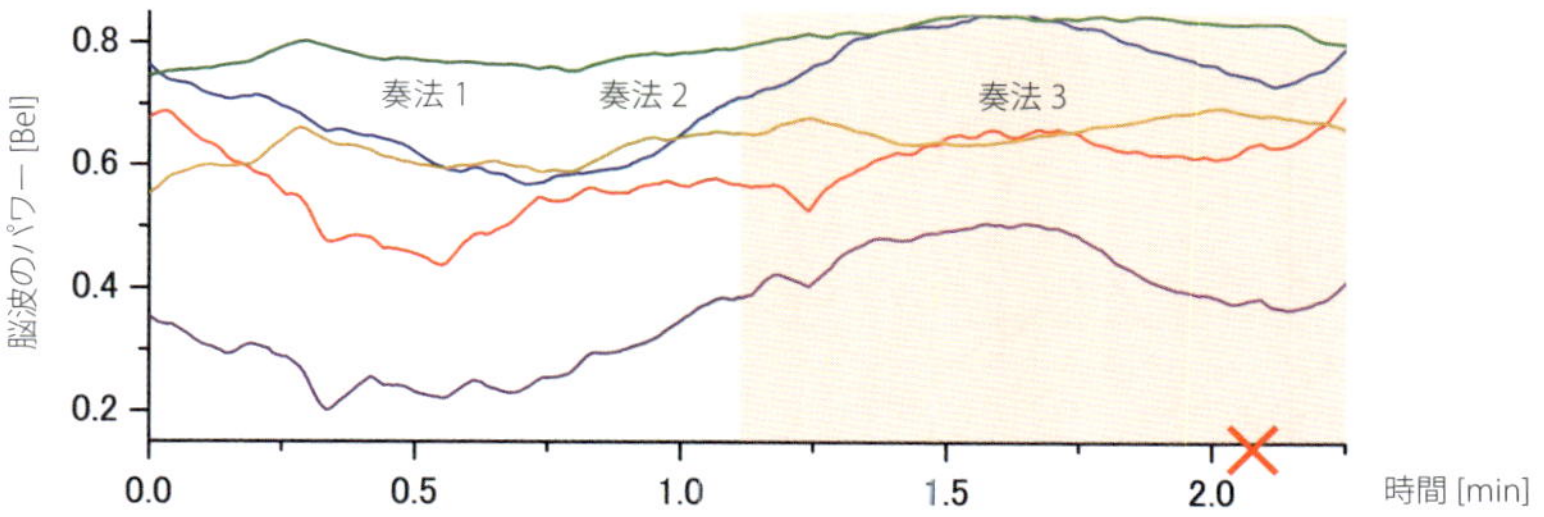

図 22. シュテーベ演奏時の脳波（8/16）

奏法 1　シュテーベを縦にぶら下げ、もう一方のシュテーベで上から下へと連続してこすり下ろす（0 ～ 0.55 min）
奏法 2　シュテーベを縦にぶら下げ、もう一方のシュテーベで 1 回打音する（0.55 ～ 1.1 min）
奏法 3　両方のシュテーベ同士を触れ合わせて音を鳴らす（大きな音）鳴らしながら振ることで、より多くの響きを発生させる（1.1 ～ 2.05 min）最後の打音（2.05 min グラフ中の「×」）

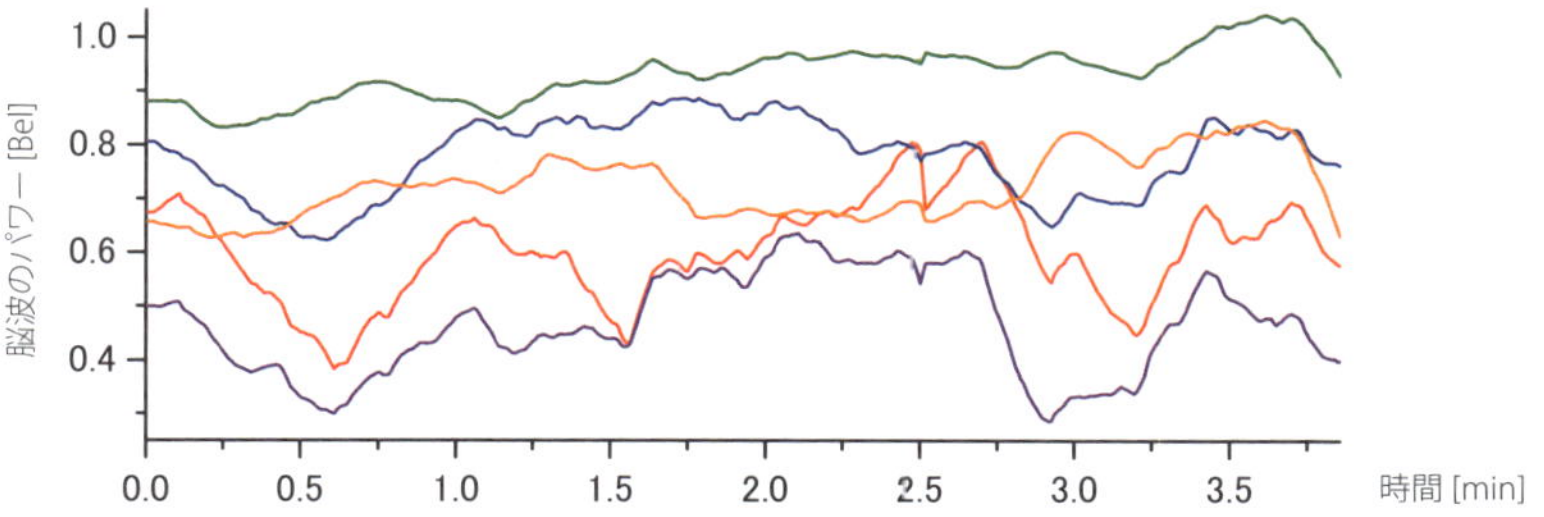

図 23(a). ささやきの木 竹田氏演奏（8/16）

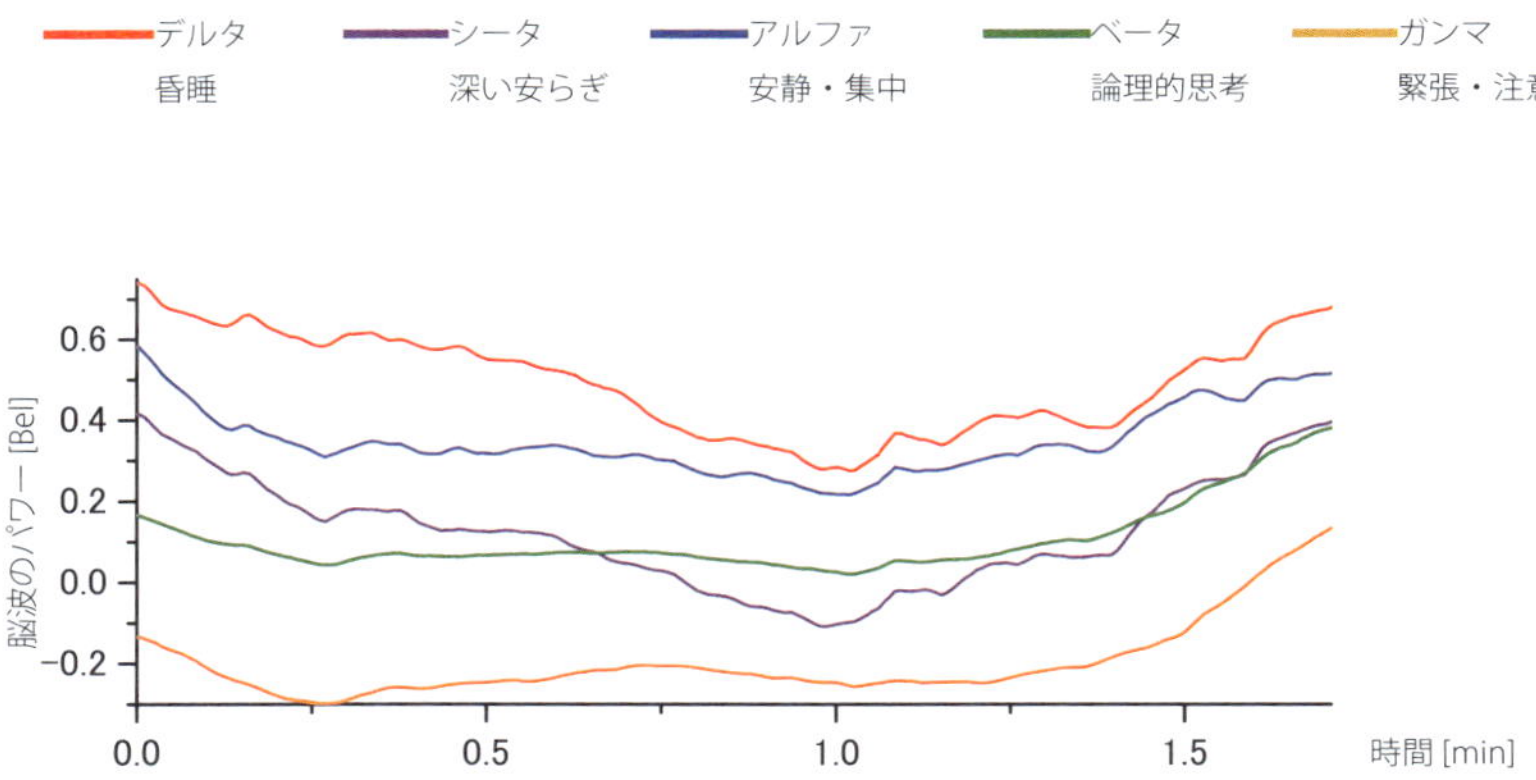

図 23(b). ささやきの木 初心者演奏（8/16）

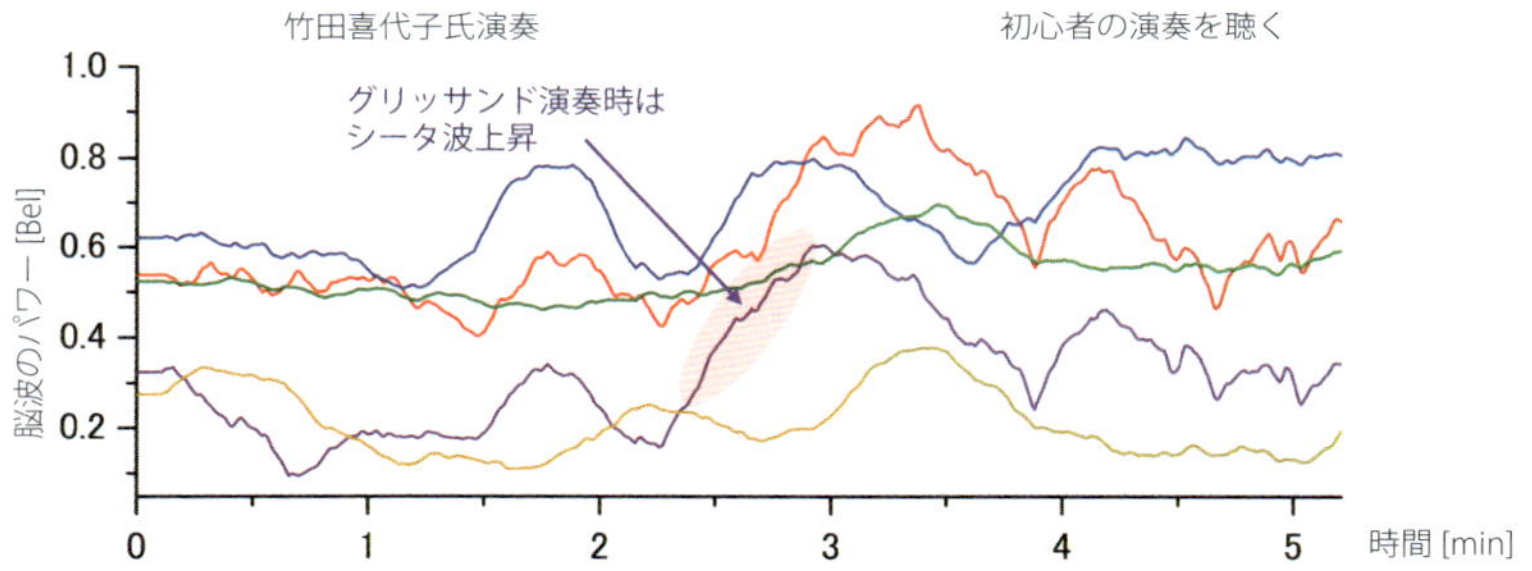

図 24. ライアーの演奏と聴取時の脳波（8/16）

表1. 脳波の種類

脳波		周波数帯域	発生する主な状況
Delta	δ	1.0 ~ 4.0 Hz	深い睡眠（夢を見ない）
Theta	θ	4.0 ~ 8.0 Hz	浅い睡眠（夢を見る）、深いリラクゼーション
Alpha	α	7.5 ~ 13.0 Hz	安静時（集中時も含む）、閉眼時、睡眠時
Beta	β	13.0 ~ 30.0 Hz	積極的な論理的思考活動
Gamma	γ	30.0 ~ 44.0 Hz	活発、興奮、緊張、高揚感、注意を要する状態

その両方の動きを行き来することで、「弾く」と「聴く」という動作、収縮と拡散、緊張と弛緩、吸うことと吐くことのような動きが常に繰り返されているように感じます。そして、その動きが脳波に少し現れているのではないかと感じました

ライアーは指先だけでポンポンとはじくように弾くのでは良い音は出ませんが、音を「弾く」という意識的な動きと、そこから力を抜く動きの両方あってこそ、良い音や響きが生まれます。

これは、鉄琴や木琴、グロッケンなどの弾き方にも通じるもので、ただ叩く、打つだけではなく、「音や響きを引き出す」という感覚が大切なんです。特に金属製の楽器では、その違いが顕著に現れます。そういった部分が面白いと思います。

音を出そうとする動きと、出てきた音の後に続く動きがあり、音に追いかけられているような感覚になります。つまり、意識しているわけではないですが、そうした動きがなければ良い音は生まれず、力が抜けた動きが次の音を準備する動きに繋がっていきます。その流れが、演奏中ずっと続いていくのです。

演奏中は常に動きが繋がっているので、音楽を演奏している間は、楽譜では休符のところでも、動きが完全に止まる瞬間というのはありません。でも、その中でもライアーを弾

いていて覚醒する部分は確かにあります。しかし、基本的にはリラックスした状態が求められます。このことがアルファ波とベータ波のせめぎ合いとして脳波データに現れていました。

ライアーを演奏する時には、弾こうというよりは、ライアーに合ったやり方でその音楽や音そのものを動きます。その動きの中には、自然に収縮と拡張のようなリズムが含まれていて、もしライアーを意識的に「弾こう」としすぎると、もっと覚醒してしまうのではないかと感じます。

最後に、私が演奏していて、聴き手がその音を聴いている時の脳波データについて一言。聴き手は、演奏者のように音楽を奏でるために緊張する必要はなく、リラックスした状態でイメージが浮かんできたり、短調や長調といった曲調そのものが与える影響を受けたりもしますし、覚醒を促すような曲もありますが、聴く側が覚醒するとも限りません。そのようなことが脳波データに示されていて、演奏者と聴き手の受け止め方が異なるのが面白いと感じました。

2 竹田喜代子氏・勝田恭子氏のコメント

勝田：音楽療法は一般的に、人間の感情、記憶、心や身体の動きに働きかけると言われていますが、もう一つ大事なのは、「人間の意識にどう働きかけるか」ということです。今回の脳波測定によって、音を聴いた時・音を鳴らした時の人間の意識について綿密に知ることができて、とても意義深い体験だったと感じています。

竹田：私も同感です。昔から音楽療法と脳の関係についてはさまざまな面から論じられてきましたが、実際に今回の実験に参加してみて、結果が数値として目の前に現れたことにとても驚きました。

勝田：特に鉄のゴングと青銅のゴングを聴いた時の脳波の違いが一番びっくりしました。鉄は人の意識を目覚めさせるし、青銅はリラックスさせる効果があるということは、私たちが現場で学び、日々実感していることですが、今回それを脳波測定というアプローチで確認できたことが驚きでしたし、嬉しかったです。それを知ることで現場に立つ勇気も得られました。

竹田：私はタムタムを使うことが多いのですが、タムタムの音の持つ力が、人間の身体や心、あるいは脳にどのように影響を与えるのかが見えたことに驚きました。そして、今回の実験を通じて、タムタムによって代謝系に働きかけることで、体温が実際に上がったという事実も確認できました。ただ、音を聴いた後に体温が上がるには少し時間が必要だったので、その点は大きな気づきとなりました。

勝田：私も「作用させるには時間が必要なんだな」と納得しました。例えばタムタムだったら、3分くらい音を鳴らして、ある程度音が続いた後に身体が反応していましたよね。今回の実験を通じて、そのことに気づいたことで、実際に楽器を使うときにも気をつけるようになりました。楽器をちょっとだけ鳴らして患者さんの反応を見るのではなく、しばらく鳴らしてから患者さんの反応を見るというふうに、音楽療法士としての自分のやり方も変わったと思います。実際、そうした方が患者さんもより深く受け取れるので、それは新しい発見でした。

竹田：私も同じです。タムタムは自分自身が演奏することが多いので、演奏しているうちに自分が温かくなってしまいます。そうすると、今までは短い時間で実践していたのですが、今回の結果を見ると、ある程度時間が必要だということがわかりました。最初、音は心や意識が反応しますが、それが身体にまで及ぶには時間がかかるんだなと改めて実感しました。

勝田：脳波測定を通じてアントロポゾフィーの音楽実践を分析するという試みについて、正直なところ、最初はとても驚きました。私はＳＮＳで井藤先生・山下先生と吉良 創先生が一緒に研究されている写真を見て、「これは一体？」と思ったのがきっかけでした。音楽療法は、エビデンスを示すことが難しいと言われ続けてきました。「音楽療法は良いものだと思うけれど、実際どうなのか？」と現場ではその疑問を抱えながら実践していました。そんな中、井藤先生・山下先生の研究によって、数値として何か成果を示せるんじゃないかと思い、すぐに井藤先生に連絡しました。井藤先生からはすぐに返事をいただき、そこから今回の共同研究が始まり、竹田先生にもお声がけして研究に協力させていただくことになりました。今回、改めてデータを拝見し、シュタイナーの音楽教育や音楽療法を、科学的なアプローチで分析することは、本当に意義のあることだと感じています。

竹田：私は最初、この実験に対しては非常に消極的でした。ただ、日本の音楽療法の現状を考えた時に、音楽療法はまだ一般的ではなく、日本でも音楽療法に関する学会がありますが、その活動は一般的にはあまり知られていません。それを何とかしなければいけないという思いが常々、私の中にもありました。変化の激しい現代にあって、人々の意識や心、身体にも様々な変化がもたらされています。音楽療法においても体験だけを重ねていてもその変化に対応が難しくなってきています。特に音楽療法でもエビデンスが重要視され、その結果で音楽療法の価値を図るというようなことが風潮になってきています。そのような中で、アントロポゾフィーの音楽療法では魂や精神を重視するためにどのように理解してもらえるのかという悩みを持っていました。当初私は、意識や感情の動きが実際、数値化できるのだろうか？という疑問があり、初めにお話ししたようにこの実験には消極的でした。ところが、この実験に参加させていただいたことで、全てではないにしても、意識や感情の動きが身体に働きかけ数値に現れたのです。これは私にとって驚きでした。音楽療法の未来を考えたとき、今回の実験や研究は大変重要な試みだと思います。これからも先生方には研究を続けていただけることを期待しています。今回、この実験に参加させていただいたことに感謝を申し上げます。

勝田：私も同感です。今後、音楽療法はアプローチを変えていく必要があると思います。というのも、高齢者の方々は共通の歌や共通の音楽の体験を持っていますが、年齢が若くなるほど、音楽的な体験が個人的なものになってきているからです。今はインターネットの発展により、さまざまな地域や時代の音楽を簡単に聴くことができるようになったため、個人の体験や好みが多様化しています。そうなると、従来の「その人の思い出の曲」を使った療法が通用しなくなるのではないかという予感があります。しかし、アントロポゾフィー音楽療法の場合、特定の曲を使うこともありますが、基本的には音楽の質や音楽の要素そのものを大切にしながら療法を行なっていきます。そういった意味で、今回の研究で響きの楽器やライアーの音そのものが、人間にどのように作用するかを検証できたことは、今後の音楽療法の発展に繋がると私は思っています。今後のご研究に期待しています。

おわりに

本研究の試みは始まったばかりであり、課題も残されています。今回、シュタイナーの音楽実践の脳波測定を行うにあたって竹田喜代子氏と吉良 創氏の脳波を主に検討していきましたが、今後、本研究を深めていくためには実験協力者の数を増やし、脳波の違いを分析する実験を行う必要があります。本研究の成果はあくまでもひとつの参考データにすぎず、本研究の試みの妥当性はさらに時間をかけて検証されるべきです。ただ、科学的アプローチによってシュタイナーの諸実践を分析する試みの小さな一歩を踏み出すことができたのではないかと思っています。

※本研究は、研究代表者：井藤元「脳波測定を通じたシュタイナー教育の実践的有効性の検討」（科学研究費補助金、基盤研究（C））の研究成果の一部である。
※本研究は、東京理科大学における「人を対象とする生命科学・医学系研究」に関する倫理審査による承認を得ており、被験者からの自由意志による参加のもと、得られたデータ、及び写真等の掲載の承諾を得ている。

謝辞

本書はイザラ書房の村上京子さんの協力なくしては決して誕生しませんでした。本書が少しでも良い本になるようにと尽力してくださった村上京子さんに、この場を借りて心よりお礼申し上げます。

em-tone Inc. の森祐規さんは本書に収録した楽器音源の録音に際してご尽力いただき、その都度、的確な助言をいただきました。また、東京理科大学大学院生の森彩花さんにも本研究に対して多大なるお力添えをいただきました。

さらに、アントロポゾフィー音楽療法士の伊東時子さんには、療法楽器クロッタの解説に際してご助言をいただき、シュタイナー教材店ペロル・オーナーの井手芳弘さんには楽器の貴重な写真をご提供いただきました。そして、NPO法人メルヘンこども園理事長・田上恵子さんには、ゴング演奏時の映像撮影にご協力いただきました。

本書はこれらの皆さんのあたたかいサポートのおかげで、なんとか刊行することができました。本研究をあたたかく導いてくださった皆様に心から感謝いたします。

初出一覧

※各章の元になった初出論考は以下のとおりである。
ただし、本書の文脈に従ってそれぞれ大幅に改稿している。

第Ⅰ部

第1章　・書き下ろし

第2章　・書き下ろし

第Ⅱ部

第3章　・井藤 元、山下恭平、徳永英司「シュタイナー教育における楽器演奏時の脳波の分析」、『東京理科大学教職教育研究』第6号、2021年。
・山下恭平、井藤 元「シュタイナー教育において楽器演奏が演奏者と聴き手にもたらす効果―脳波測定を通じた分析」、『ホリスティック教育／ケア研究』第25号、2022年。

第4章　・山下恭平、井藤 元、森 彩花「アントロポゾフィー音楽療法士の脳波・呼吸・体温変化の分析」『ホリスティック教育／ケア研究』第26号、2023年。

終　章　・書き下ろし

後注

1 「アウディオペーデ」とはドイツ語のaudiopedie、直訳すると「聴く器官の教育」から名前をつけました。1987年に日本で初めてのシュタイナー学校が誕生しました（東京シュタイナーシューレ。現藤野にあるシュタイナー学園の前身）。その当時の音楽専科教師であった竹田喜代子氏とドイツヴィッテンのヴァルドルフ教育研究所の講師であったラインヒルド・ブラス先生が1988年に出会い、この教育が日本でも行われました。1988年以降、毎年来日され、竹田氏と共同でこの聴く器官の教育を続けてきた折、アウディオペーデという名称を付けました。以来、ブラス先生はドイツで「audiopedie研修所」を、竹田氏は横浜で「アウディオペーデ」を作り、（現在は大和市）活動をしています。ラインヒルド・ブラス著、竹田喜代子監修『聴く道の発見　聴くことを育てる音楽教育』、一般社団法人アウディオペーデ、2016年。

2 「意志」のエネルギーを大切に育むことが幼児期のテーマだとシュタイナー教育では考えられています。シュタイナー教育では、幼児期から青年期までの3つの時期に「意志〈意〉」→「感情〈情〉」→「思考〈知〉」の順番で育むことが重要とされています。幼児期において子どもたちは、他者からの指示によって活動するのではなく、自らの意志で手足を動かし、能動的に活動することが大切だとされます。幼い子どもたちはまさに意志の塊のような存在で、そのエネルギーに大人はしばしば圧倒されます。意志のはたらきが委縮してしまうため、子どもに対して、これはしてはダメ！あれをしてはダメ！と禁止しすぎるのはＮＧ。ただし、意志に意味のある方向性を与えること＝しつけも重要です。

3 「東京シュタイナーシューレ」は、１９８７年に発足。学校法人シュタイナー学園の前身です。

4 ライアーについては本書第Ⅱ部154頁を参照してください。

5 シュタイナーは人間の発達を7年周期で捉えていました。乳幼児期から高校卒業までの教育を支えるシュタイナー教育は、このうち第1・7年期～第3・7年期の教育を担うものということになります。それぞれの7年期の要点をまとめます。

第1・7年期（0～7歳）乳幼児期　意志を育む時期。からだがもっとも育つ時期。

神経・感覚器官が発達。「世界は善である」と感じられることが重要。

第2・7年期（7～14歳）児童期　感情を育む時期。循環器系が発達。

「世界は美しい」と感じられることが重要。

第3・7年期（14～21歳）青年期　思考を育む時期。代謝系が整う。

「世界には真実がある」と感じられることが重要。

第1・7年期では信頼できる大人との1対1の関係が大切にされ、第2・7年期ではそれが地域社会へと拡大され、第3・7年期ではさらに人類や世界へと範囲が広がってゆきます。

6 この点について戦後に活躍した作曲家、芥川也寸志氏は次のように述べている。「われわれがふつう静寂と呼んでいるのは、したがってかすかな音響が存在する音空間を指すわけだが、このような静寂は人の心に安らぎをあたえ、美しさを感じさせる。（中略）音楽は静寂の美に対立し、それへの対決から生まれるのであって、音楽の創造とは、静寂の美に対して音を素材とする新たな美を目指すことのなかにある。（中略）音楽の鑑賞にとって決定的に重要な時間は、演奏が終った瞬間、つまり最初の静寂が訪れたときである」。（芥川也寸志『音楽の基礎』岩波書店、1971年、2-3頁）。また、芥川氏は次のようにも述べる。「積極的に聞くという行為、そして聞かないという行為は、つねに創造の世界へつながっている。この創造的な営みこそ、あらゆる意味で音楽の基礎である」。（同書、198頁）

7 シュタイナー教育は「自由な教育」だと誤解されることも多いのですが、この教育は「自由への教育」なのであって、決して「自由な教育」ではありません。シュタイナー教育において前提とされているのは、「私たちが生まれながらにして自由な状態にあるわけではない」という考え方です。シュタイナーは「不自由な状態にある私たちがいかにして自由を獲得できるか」という問いから出発します。「自由」になるためには、そのための訓練が必要になり、シュタイナー学校のカリキュラムは「自由」獲得のための準備教育として組み立てられています。将来的に自由を獲得するために必要な力を育んでゆくこと、これこそシュタイナー教育が目指すところと言えます。シュタイナー教育における自由の内実についての詳細は、井藤元『シュタイナー「自由」への遍歴―ゲーテ・シラー・ニーチェとの邂逅』（京都大学学術出版会、２０１２年）を参照してください。

8 シュタイナーのライフサイクル論において決定的に重要なのは、死後のライフサイクルと、地上のライフサイクルが対応しており、人の人生は、地上のライフサイクルだけでは完結しないという考えです。なぜ完結しないのかといえば、一回の人生だけでは人間は理想の人間に至ることができないと考えられているからです。

9 シュタイナー教育において、幼児期の子どもたちは模倣をつうじて学ぶと考えられています。シュタイナーの弟子で、シュタイナー幼稚園を始めたエリザベト・M・グルネリウスは、「教育者は自分の行う行為を通してしか、幼児を指導できない」（『七歳までの人間教育―シュタイナー幼稚園と幼児教育』、114頁）と主張しています。幼児期の子どもたちは、大人の言動を完全に真似するので、大人のふるまいが問われることになります。さらに、大人の言葉づかいだけでなく、子どもたちは大人の心の内側までも真似してしまうと考えられており、大人はお手本・モデルという自覚を絶えず持ち続けることが重要になります。

10 脳波測定の実験結果については本書第Ⅱ部を参照してください。

11 マインドフルネスについては本書113頁を参照してください。

12 シュタイナーは「すべての教育は自己教育である」と述べており、人は自分で自分を教育することしかできない、と考えています。教師や大人にできることは、子どもの環境であることだけだというのです。

13 １９８６年から東急東横線大倉山の大倉山記念館の場でシュタイナー教育を基盤に、大人のためのオイリュトミークラスとともに親子で学ぶシュタイナー教育を開催。後に親の有志によって「竹の子幼稚園」が誕生した。以後30年の活動後幼稚園は閉園。

14 「5度の雰囲気（気分）」とは、5度の音程がもつ、始めと終わりがはっきりしない循環的、開放的な感じを表しています。

15 エルンスト・ヘッケルによって唱えられた「ある生物の発生過程は、その生物の進化過程を繰り返す」という説。

16 シュタイナー学校では、小学3年生（9歳ごろ）の主観・客観の意識が芽生えはじめる節目の時期に楽器を習い始めます。最初は皆で同じ楽器を演奏し、のちに個々の楽器を習ってゆきます。

17 アンカヴァーリング・ザ・ヴォイスとは、Uncovering＝覆いが取れた、the Voice＝声を指し、自分の本来の美しい声を取り戻す歌唱法のこと。

18 ブラス氏については第1章を参照してください。

19 Available Data - Muse Developers. [Online]. Available: https://web.archive.org/web/20181105231756/http://developer.choosemuse.com/tools/available-data#Absolute_Band_Powers

20 C. Babiloni et al., Resting State Alpha Electroencephalographic Rhythms Are Differently Related to Aging in Cognitively Unimpaired Seniors and Patients with Alzheimer's Disease and Amnesic Mild Cognitive Impairment, *Journal of Alzheimer's Disease*, vol. 82, no. 3, 2021.

21 F. Dehghani-Arani, Neurofeedback and Substance Abuse Disorder, in *Innovations in the Treatment of Substance Addiction*, A. L. M. Andrade and D. De Micheli, Eds., Cham: Springer International Publishing, 2016.

22 J. Frohlich, D. Toker, and M. M. Monti, Consciousness among delta waves: a paradox?, *Brain*, vol. 144, no. 8, 2021.

23 大須理英子、古畑裕之「脳波(EEG)およびアイトラッキングによる生体反応の測定(特集 ニューロマーケティング)」『オペレーションズ・リサーチ』、vol. 61、no. 7、２０１６年。

24 「MUSE TM — Meditation Made Easy」 http://www.choosemuse.com/.［参照：２０２４年８月４日］.

25 脳波パワーの単位Bel（ベル）は、脳波信号のエネルギーの大きさを表すときに使われる単位で、ある基準値に対してどれだけ大きいか小さいかを対数で表記したものです。ここでの基準値は、脳波計の基準電極（額中央部の電極）の電圧で、左右の各所に測定電極が設置されています。なお、一般的にはBelの１／10の値を示す単位dB（デシベル）が用いられますが、得られた値の大きさより本書ではBelを用いています。本書では「脳波のパワー」と表記すべき箇所を、単に「脳波」と表記しています（例：アルファ波の上昇）。

26 J. A. Lopata, E. A. Nowicki, and M. F. Joanisse, "Creativity as a distinct trainable mental state: An EEG study of musical improvisation," *Neuropsychologia*, vol. 99, 2017.

27 J. A. A. Leite et al., "Alpha and beta cortical activity during guitar playing: task complexity and audiovisual stimulus analysis," *Somatosensory & Motor Research*, vol. 37, no. 4, 2020.

28 T. Lomas, I. Ivtzan, and C. H. Y. Fu, "A systematic review of the neurophysiology of mindfulness on EEG oscillations," *Neuroscience & Biobehavioral Reviews*, vol. 57, 2015.

29 「日本マインドフルネス学会　公式サイト」. http://mindfulness.jp.net/ [参照 ２０２４年 ８月 ５日].

30 Laier M., Beilharz G., 伊藤壽浩訳、吉良 創監修『キンダーハープを弾こう：子どもに関わるすべてのかたへ』イザラ書房、２０２１年。

31 N. Nicolaou et al., "Directed Motor-Auditory EEG Connectivity Is Modulated by Music Tempo," *Front. Hum. Neurosci.*, vol. 11, 2017.

32 R. Schaffer and D. L. Lang-Taylor, "A Comparison of the Effect of Major- Versus Minor-Keyed Music on Short-Term Cognitive Performance," *Journal of Student Research*, vol. 11, no. 4, 2022.

33 K. Madden and G. K. Savard, "Effects of mental state on heart rate and blood pressure variability in men

and women," *Clin Physiol*, vol. 15, no. 6, 1995.

著者プロフィール

井藤 元（いとう・げん）

京都大学大学院教育学研究科博士課程修了。博士（教育学）。東京理科大学教育支援機構教職教育センター教授。『シュタイナー「自由」への遍歴――ゲーテ・シラー・ニーチェとの邂逅』（京都大学学術出版会）、『マンガでやさしくわかるシュタイナー教育』（日本能率協会マネジメントセンター）、『シュタイナー学校の道徳教育』（イザラ書房）、『教育芸術を担うシュタイナー学校の教師たち』（ナカニシヤ出版）、『笑育 「笑い」で育む21世紀型能力』（監修、毎日新聞出版）、『記者トレ 新聞記者に学ぶ観る力、聴く力、伝える力』（監修、日本能率協会マネジメントセンター）、『教育観を磨く－子どもが輝く学校をめぐる旅』（共著、日本能率協会マネジメントセンター）、『ワークで学ぶ教育学』『ワークで学ぶ道徳教育』『ワークで学ぶ教職概論』（編著、ナカニシヤ出版）、マルグリット・ユーネマン『黒板絵――シュタイナー・メソッド』（小木曽由佳との共訳、イザラ書房）、ネル・ノディングズ『人生の意味を問う教室――知性的な信仰あるいは不信仰のための教育』（小木曽由佳との共訳、春風社）など。

山下恭平（やました・きょうへい）

東京理科大学大学院理学研究科物理学専攻博士後期課程修了。博士（理学）、栄養士。東京理科大学理学部第一部物理学科助教。『美の朝焼けを通って（解説：井藤元、徳永英司との共著）』（イザラ書房）、『無走査型吸収分光イメージング法による単細胞光合成藻類の分析とその応用』（日本材料科学会誌）、『Pigments from Microalgae Handbook - 2nd edition』（Springer-Nature Switzerland AG）、『Reddening of the Unicellular Green Alga Euglena gracilis by Dried Bonito Stock and Intense Red Light Irradiation』（Plants）、『Method for growing edible Euglena gracilis in an inexpensive medium with tomato juice to a high cell density equivalent to the density in KH medium』（Sustainable Food Technology）、『Noninvasive and safe cell viability assay for Euglena gracilis using natural food pigment』（PeerJ）、特許 第7186433号「細胞の生死判別方法及び細胞の生死判別用キット」、特許第6998157号「栄養強化食品の製造方法、ユーグレナ含有食品組成物及び食品の栄養強化方法」など。

音楽からはじまるシュタイナー

脳波測定を通じたアントロポゾフィー音楽実践の分析

発行日　2024年12月25日　初版発行

著　者　井藤 元・山下恭平

協　力　竹田喜代子・吉良 創・勝田恭子

装　丁　赤羽なつみ

発行者　村上京子

発行所　株式会社イザラ書房
369-0305 埼玉県児玉郡上里町神保原町 569
tel 0495-33-9216　fax 047-751-9226
e-mail : mail@izara.co.jp　HP : https://www.izara.co.jp/

印　刷　株式会社シナノパブリッシングプレス

ISBN978-4-7565-0161-5　C0037　

イザラ書房の教育/芸術 関連書籍

北欧の森のようちえん~自然が子どもを育む
デンマーク・シュタイナー幼稚園の実践　　2020 2刷

R・ローセングレーン著／ヴィンスルー美智子・村上進 訳

なぜ自然が子どもの発達のために健康的で刺激的な学習環境だと言えるのか、デンマークでの実践の報告からその理由に迫ります。自然と子どもたちの魅力的な写真も多数掲載。

◉定価2,700円＋税／A5判変形184ｐ並製／ISBN978-4-7565-0145-5

黒板絵
シュタイナー・メソッド　　2022

マルグリット・ユーネマン著／井藤 元・小木曽由佳 訳

美しい絵画作品のようなシュタイナー学校の黒板絵。長年シュタイナー学校の教員養成に携わった著者が、黒板絵の描き方・考え方について丁寧に解説します。

◉定価2,800円＋税／A5判変形104ｐ上製／ISBN978-4-7565-0153-0

シュタイナー学校の道徳教育
2021

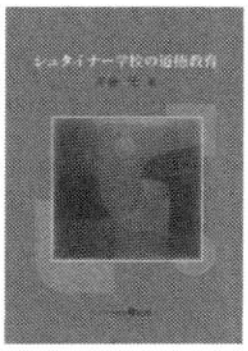

井藤 元 著

シュタイナーの道徳教育論を読み解くとともに、具体的実践を紹介し、シュタイナー学校における道徳教育の内実を解き明かします。エポックノートや手仕事の作品も口絵に掲載。

◉定価2,500円+税／四六判264ｐ上製／ISBN978-4-7565-0150-9

デジタル時代の子育て
年齢に応じたスマホ・パソコンとのつきあい方　　2021

ミヒャエラ・グレックラー・村田光範 監／内村真澄 訳

デジタルメディアの世界で子供が健康に育つには何が必要で大人はどう行動すべきか。保護者、教育者そしてすべての人へのガイドブックです。

◉定価1,900円＋税／A5判168p並製／ISBN978-4-7565-0152-3

シュタイナー・音楽療法
2014　2刷

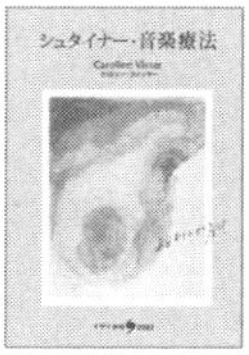

カロリン・フィッサー著／楠　カトリン訳／竹田喜代子 監修

人智学を基盤とした音楽療法の書です。この療法では、響きの持つ調和させる力で人間の最も中心にある自我を強め、自己治癒力を養うことを手助けします。巻末譜例集付です。

◉定価4,000円+税／Ａ5判256p上製／ISBN978-4-7565-0126-4

音楽の本質と人間の音体験
1993　9刷

シュタイナー著／西川隆範 訳

独特の未来的「音＆音楽論」。色彩はアストラル体に語りかけ、音の世界は人間の最奥部の魂に語りかけます。地上の音楽は神界の響きの影といえましょう。

◉定価2,330円＋税／四六判176p上製／ISBN978-4-7565-0051-9

イザラ書房の教育/芸術 関連書籍

キンダーハープを弾こう

子どもに関わるすべてのかたへ

2021

M.ライアー・G.バイルハルツ著／伊藤壽浩 訳・吉良 創 監修

シュタイナー教育で子共達と歌ったりする時に使うキンダーハープの弾き方、音合わせや弦の張り方、参考図書などをわかりやすく紹介します。

◉定価2,500円＋税／A4変形64ｐ並製／ISBN978-4-7565-0151-6

初心者のためのライア教則本

ライアへの道［改訂版］

2020 改訂1刷

ゲルハルト・バイルハルツ著／井手芳弘 編訳

映画「千と千尋の神隠し」で、一躍その存在が知れ渡った楽器。音楽療法や演奏用の楽器として使われてきた「ライア」の弾き方や意識の持ち方などを独学で学べる教則本です。

◉定価2,500円＋税／A4変形64ｐ並製／ISBN 978-4-7565-0149-3

おやすみの後に

シュタイナーと出会って生まれた絵本

2017 2刷

マルタ・Sお話／ヒルデ・ランゲン絵／伊藤壽浩 訳

「ねむっているわたしは どこに いるの？」眠りの秘密、生きる力の源泉、その真実の姿を光に満ちたやさしいタッチで描き出したシュタイナー的子育てにぴったりな絵本です。

◉定価3,500円＋税／A5判20ｐ特殊折／ISBN978-4-7565-0133-2

霊学の観点からの子どもの教育

【完全版】

1999 5刷

シュタイナー 著・講演／松浦賢 訳

シュタイナー教育思想の核心。シュタイナー教育について初めて学ぼうとする人にも、シュタイナーの思想にかなりなじんだ人にとっても、最も重要な基本文献です。

◉定価2,300円＋税／四六判200p上製／ISBN978-4-7565-0084-7

シュタイナー教育［新訂版］

2015 新訂1刷

C.クラウダー・M.ローソン 著／遠藤孝夫 訳

シュタイナー教育の全体像を極めて簡潔に、しかも分かりやすく説明しておりシュタイナー入門書としては最適な書。後半ではこの教育の現代的な意味が明らかになります。

◉定価2,300円＋税／A5判192p並製／ISBN978-4-7565-0128-8

子どもの体と心の成長

1992 9刷

カロリーネ・フォン・ハイデブラント著／西川隆範 訳

著者は最も卓越した教師と呼ばれた創成期シュタイナー教育運動の代表者子どもの気質および生活全般についての本質的な示唆が素晴らしいシュタイナー教育第一の古典の書。

◉定価2,330円＋税／四六判208p上製／ISBN978-4-7565-0050-2

イザラ書房の教育/芸術 関連書籍

社会問題としての教育問題

自由と平等の矛盾を友愛で解く社会・教育論　　2017　2刷

シュタイナー著／今井重孝訳

人類の目指す健全な社会とは！21世紀社会が進むべき方向、そしてシュタイナーの人間論と教育論、社会論の相互関係がわかる貴重な一冊。分かり易く貴重な訳者解説が充実しています。

◉定価2,500円+税／四六判232ｐ上製／ISBN978-4-7565-0134-9

色彩の本質◎色彩の秘密

【全訳】　　2005　7刷

シュタイナー著／西川隆範 訳

読み物としても面白いシュタイナーの色彩論。色彩の本質を知ることは魂を大きな生命力で満たすこと。人智学の観点からのシュタイナー宇宙的色彩論の決定版です。

◉定価2,500円＋税／A5判224p並製／ISBN978-4-7565-0096-0

美の朝焼けを通って

シュタイナーの芸術観　　2019

今井 重孝／はたりえこ 著

芸術の力で世界が変わる…青山学院大学名誉教授と日本を代表するオイリュトミストの2人が交わした対談と往復書簡集。美しい表紙画、装丁は谷口広樹画伯の手によるものです。

◉定価2,000円＋税／A5判128p並製／ISBN978-4-7565-0141-7

色彩のファンタジー

シュタイナーの芸術論に基づく絵画の実践と作画法　　1998

ゲラルト・ヴァーグナー&エリーザベト・コッホ 著／松浦賢 訳

欧米のシュタイナー病院での治療やシュタイナー教育の現場で実際に行われている絵画の練習を再現しました。科学では捉え切れない色の力を体験できる一冊です。

◉定価5,800円＋税／A4横判180p並製／ISBN978-4-7565-0073-1

子ども・絵・色

シュタイナー絵画教育の中から　　1997　8刷

としくら えみ 著・絵

実際の子ども達の絵をふんだんに使い、幼児絵画論と技法を紹介。やさしい絵とあたたかい言葉は、子どもの「生きる力」をはぐくむ大きな助けとなるはずです。

◉定価2,100円＋税／A5判172p並製／ISBN 978-4-7565-0072-4

植物と語る 公然の秘密の扉

ゲーテとシュタイナーに学ぶ観察法　　2020 2刷

吉澤 明子 著

シュタイナー思想に基づく絵画・芸術療法の第一人者が伝える20年間の実績の書。絵画の協働性の追求としての水彩画による連作も掲載しています。

◉定価3,000円＋税／A5判変形120p上製／ISBN978-4-7565-0144-8